KB075060

하라고 하면
하지 않는
아이가 된다

하라고 하면 하지 않는 아이가 된다

보크 시게코 지음 | 오현숙 옮김

피넛

일상에 소소한 해법 마련하기

오늘 아이에게 "이거 해", 저거 해"라는 말을 몇 번이나 하셨나요? 예를 들면 이런 말들이죠.

"어서 일어나~."
"신발을 벗었으면 가지런히 놔야지."
"손발 씻고 숙제부터 해."
"양치질은 구석구석 꼼꼼히 해야지."
"게임은 적당히 하렴."

알고 보면 우리는 날마다 "이거 해", "저거 해"라는 말을 수도 없이 합니다. 이런 말을 하지 않아도 아이가 알아서 척척 해준다면 얼마나 마음이 편할까요? 일일이 간섭하고 시키지 않아도 아이 스스로 알아서 해준다면 얼마나 기쁠까요? 하지만 아이가 그렇게 하지 못할 것 같아 자꾸만 "이거 해", "저거 해" 시키게 됩니다.

그런데 부모의 "이거 해", "저거 해" 하는 잔소리 혹은 간섭의 말 때문에 아이가 더 안 하게 된다는 사실을 아시나요?

이 책에서 저는 '스스로 하는 아이로 키우고 싶다'는 부모의 소망이 실현되는 '최고로 행복한 육아 비법'을 전수해드리고자 합니다. 일일이 시키지 않아도 스스로 알아서 척척 해내는 아이, 스스로 어려움을 극복하는 아이, 자신의 행동과 감정을 관리할 수 있는 아이로 기르는 방법을요.

그 방법은 지금까지 하던 방식을 송두리째 바꾸는 것이 아닙니다. 그저 아이를 대하는 부모의 마음가짐을 바꾸고 일상에 소소한 해법들을 마련하는 것입니다.

육아는 언제고 끝이 납니다. 그러니 아이와 지내는 소중한 순간들을 가장 행복한 순간으로 만드는 마법을 이 책을 통해 꼭 익히시길 바랍니다.

— 보크 시케코

육아는 반드시 끝이 옵니다.

그것도 눈 깜짝할 사이에.

그러니 즐기세요, 매 순간을.

Yes you can. Because you are the best!

With Love.

— 보크 시게코 —

준 비 마 당

×

스스로 알아서 하는
아이로 키우기

"이거 해"라고 하니까 '하지 않는' 아이가 된다

지금 막 청소하려고 하는데 "청소 좀 해"라는 말을 들으면 그 순간 청소할 마음이 씩 사라졌던 경험, 다들 있으시죠?

저도 그랬습니다. 어렸을 때 '실컷 놀았으니 이제 공부 좀 해볼까' 하며 책상 앞에 앉으려는데 부모님이 "공부 좀 해"라고 말씀하시면 공부할 마음이 싹 사라졌지요. 그래서 "지금 막 하려고 했는데 그 말을 들으니까 하기 싫잖아!"라고 반발하면서 끝까지 공부를 안 하고 버티곤 했죠.

이런 경험은 누구나 한 번쯤 겪는 일로, '심리적 반발(psychological reactance)'이라고 하는 엄연한 심리 반응입니다. 누가 "이거 해", "저거 해"라고 명령하면 자신의 행동이나 사고가 제한당한다고 느끼고 반발하는 마음속 현상입니다.

심리학에서는 '사람은 스스로 자신을 통제하고자 하는 기본 욕구를 가지고 태어난다'고 말합니다. 다른 사람의 명령에 따르기보다 자신의 의사에 따라 행동하고자 하는 게 인간의 본성이지요. 그래서 누군가가 무얼 하라고 명령하거나 지시하면, 설령 그것이 자기에게 이익이 되는 일이라 할지라도, 자신의 행동과 사고가 제한당한다고 느껴 반발심이 생긴다는 것입니다.

즉 부모가 아이에게 "이거 해", "저거 해"라면서 간섭하고 지시할

수록 아이의 의욕을 빼앗고 반발심만 불러일으키게 됩니다.

"이래라저래라 간섭하고 싶지 않지만, 자꾸만 하게 돼요."

"전들 그러고 싶겠냐고요. 도무지 내버려둘 수 없는 상황이 계속되니까 그러는 거예요."

이런 부모들의 하소연이 들리는 것 같습니다.

하지만 늘 "이거 해", "저거 해"라고 지시하고 명령하면서 아이들에게 뭔가를 하게 만드는 것은 '아이들을 시켜서 행동하게 만드는' 톱다운 방식의 육아입니다. 이러한 명령과 지시가 반복되는 육아는 아이에게서 소중한 무언가를 빼앗고 맙니다.

반면 '이래라저래라 하지 않는 육아'를 하면 어떨까요? "어떻게 하고 싶니?", "이건 어때?", "해볼까?", "해보자꾸나!"와 같이 의사결정권과 선택권을 아이에게 주는 제안형으로 말하는 것입니다. 강요당하거나 부정당하지 않고 스스로 선택하고 결정하며, 부모를 보고 배우며 '함께 해보자'는 분위기에서 자란 아이는 자연스럽게 '내가 하고 싶은 것을 스스로 정하는 기쁨', '나는 할 수 있다는 자신감', '나라는 존재와 개성을 있는 그대로 받아들이는 긍정감'을 느끼며 성장합니다.

즉 이래라저래라 하지 않고 믿어주고 선택을 맡기면서 키운 아이는 시키지 않아도 할 일을 알아서 하고, 스스로 어려움을 극복하고, 자기를 긍정할 줄 아는, '시키지 않아도 스스로 하는 어른'으로 성장합니다.

늘 하던 대로~ 하지만 지금까지와는 정반대로 접근한다

우리 세대가 자라온 시대의 육아 환경은 현재의 육아관으로 보면 극단적으로 느껴지는 부분이 상당히 많습니다. 그 시절엔 아이에게 "이거 해", "저거 해"라고 지시하는 것이 당연한 일이었지요. 그것은 '부모는 언제나 옳기 때문에 아이는 따라야 한다'고 생각해 철저하게 아이를 관리하는 육아 방식이었습니다.

- 부모가 시킨 것을 아이가 따라야 하는 톱다운 방식
- 다른 아이들보다 '더 빨리', '더 많이' 배우라는 강압적 분위기
- 효율성을 중시하는 방식
- '1등 하는 아이', '이기는 아이'가 뛰어난 아이라는 인식

하지만 이는 아이의 개성, 다시 말해 '이 아이는 대체 어떤 아이이며 무엇을 좋아하고 무엇에 관심이 있는지'는 전혀 고려하지 않고 오로지 부모의 생각대로 키우려는 육아 방식입니다. 이러한 환경에서 자란 아이는 그저 '부모의 말을 잘 듣는 착한 아이'로 살아갈 뿐입니다. 이런 아이는 '지시를 기다리는 아이', '스스로 결정을 못 하고 판단도 할 수 없는 아이', '부모의 눈치를 살피는 아이'의 특성을 보이는, 한마디로 '주체성을 잃어버린 아이'라고 할 수 있습니다.

물론 자기 아이가 이런 어른으로 자라길 바라는 부모는 없겠지요. 저라면 제 아이가 주체적이고, 자기 긍정감이 높으며, 자신의 인생을 개척해나갈 힘을 지니고, 다른 사람과 서로 도와가며, 보다 나은 사회를 만들어가는 어른으로 자라길 바랄 것 같습니다.

그렇습니다. 우리는 자녀가 '일일이 시키지 않아도 스스로 할 일을 하고, 자신을 사랑하고, 노력을 통해 자신을 끌어올리고, 어려움에 부딪치면서도 동기를 부여해 굳건히 일어나 앞을 향해 끊임없이 나아갈 수 있는 어른'으로 자라길 염원합니다. 내 아이가 이러한 어른으로 자라게 하려면 부모는 어떻게 해야 할까요?

일본에서 태어나 일본에서 자란 저는 유학 생활에서 만난 미국인 남편과 함께 워싱턴DC에서 아이를 키우면서 서구의 육아 방식을 조사하고 연구하며 이 문제에 대해 끊임없이 탐구해왔습니다. 그 내용을 기반으로 정리한 것이 '이래라저래라 하지 않는 육아'입니다. 이제부터 그 비법을 하나씩 알려드리겠습니다.

'미국 최우수 여고생'은 어렸을 때부터 이런 일을 해왔다

미국에는 60여 년의 역사를 지닌 '미국 최우수 여고생 장학금 대회'라는 대학교 장학금 콘테스트가 있습니다. 학력, 체력, 소통 능력, 공감 능력, 리더십, 협동심, 사회공헌 능력 등 다양한 능력을 요구하는 이 대회에서 제 딸 스카이 (당시 18세) 가 2017년에 우승을 차지했습니다. 그로부터 5년 뒤, 딸아이는 콜롬비아 대학교를 졸업하고 현재는 미국의 컨설팅 회사에서 근무하고 있습니다.

딸아이기 '미국 최우수 여고생 장학금 대회' 의 첫 일본인 우승자였던 터라 당시 저의 육아 방식은 일본과 미국의 매스컴으로부터 큰 주목을 받았습니다. 수많은 매체의 취재와 인터뷰에 응했는데, 그때 자주 받았던 질문이 "육아에서 가장 중점을 둔 것은 무엇입니까?" 였습니다. 그때마다 저는 "비인지능력을 길러주려 노력했다" 라고 대답했습니다.

'비인지능력' 이란 '인지능력' 과는 정반대의 능력을 가리킵니다. 인지능력은 시험 점수나 지능지수(IQ), 수능 점수처럼 수치로 환산할 수 있고 눈으로 확인 가능한 능력을 말하고, 비인지능력은 이와는 반대로 수치화도 가시화도 불가능한 '눈에 보이지 않는 능력' 을 말합니다. 한마디로 자기 긍정감, 자신감, 자제력, 주체성, 호기심, 창조성, 상상력, 유연성, 의지력, 회복력, 공감 능력, 협동심, 사회성 등을 종합한 '인간으로서의 기본적인 힘' 입니다.

그렇습니다. '일일이 간섭하거나 시키지 않는 육아' 를 통해 쑥쑥 자라난 주체성과 자기 긍정감, 끈기와 인내심, 유연하면서도 자제력을 발휘할 줄 아는 능력, 어려움을 이겨내고 다시 일어서는 회복력을 모두 합쳐서 '비인지능력' 이라는 다섯 글자로 표현할 수 있습니다.

20년 앞선 미국은 '비인지능력 육아'가 대세다

　비인지능력을 자라게 해주는 '비인지능력 육아'는 우리보다 20년 앞섰다고 알려진 서구의 육아 현장에서 시작된 육아법입니다. 제가 이 육아법을 만난 것은 딸아이가 태어나서 얼마 되지 않았을 때입니다. '어떻게 하면 그 어떤 상황에서도 자신의 인생을 개척하는 아이로 키울 수 있을까'라는 고민에 빠져 있던 시기에 비인지능력이라는 단어를 접하고는 무릎을 탁 치며 감탄을 했습니다. 그때부터 비인지능력 육아에 매료되어 각종 서적과 논문을 뒤지며 공부를 시작했습니다. 그리고 비인지능력 육성에 힘 쏟는 유치원을 찾아내 딸아이를 그 유치원에 보내고, 가정에서도 비인지능력 육아를 실천하려고 노력했습니다.

　이 책에서 제안하는 '이래라저래라 하지 않는 육아', '일일이 시키지 않는 육아'는 비인지능력 육아를 철저히 조사하고 연구하여 실천해온 제가, 실제 육아 현장에 적용하기 좋은 방식으로 정리한 것입니다.

　어려운 건 하나도 없습니다. 지금까지 해왔던 육아 방식을 크게 바꿀 필요도 없습니다. 그저 부모로서의 마음가짐을 바꾸고, 일상에 소소한 해법들을 마련하는 것으로 충분합니다. 일상에 바로 적용할 수 있고 돈 한 푼 들지 않는 방법으로 '스스로 하는 아이, 스스로 할 수 있는 아이, 자신을 긍정적으로 바라볼 수 있는 아이, 스스로 자신을 관리할 줄 아는 아이'로 키울 수 있게 해주는 것이 이 책의 목적입니다.

그리고 부모가 가벼운 마음으로 육아를 즐기고 행복한 마음으로 살아가는 것을 그 무엇보다 중요하게 여겼습니다. 왜냐하면 행복은 전염되기 때문입니다. 행복한 부모 밑에서 행복한 아이가 자랍니다. '이래라저래라 하지 않는 육아', '일일이 시키지 않는 육아'를 하면 부모도 아이도 매일매일 즐거울 것입니다.

인지능력과 비인지능력 둘 다 중요하다

비인지능력 육아를 코칭하다 보면 다양한 유형의 부모들을 만납니다. 운동하는 아이를 최대한 지원해주고 싶다는 엄마, 자연 속에서 건강하게 아이의 소질을 키워주고 싶다는 아빠, 자녀를 유명한 사립 초등학교나 중학교에 입학시키려는 엄마도 상당히 많습니다.

이런 부모들에게서 자주 받는 질문은 "비인지능력을 키워주다가 학교 공부나 시험을 소홀히 하게 되면 어떻게 하나요?", "인지능력과 비인지능력 중에 어느 쪽이 더 중요한가요?"입니다. 비인지능력이 공부나 시험 성적처럼 눈에 보이는 결과를 내는 것이 아니다 보니 비인지능력에 중점을 두고 육아를 하면 아이의 인지능력이 자라지 않거나, 다른 아이들보다 학업이 뒤떨어지는 것 아니냐는 우려에서 비롯된 의문이라 생각합니다.

결론부터 말하자면, '인지능력과 비인지능력 모두 필요' 합니다. 또한 비인지능력이 있으면 인지능력은 점점 높여갈 수 있습니다.

영어를 배우는 것을 예로 들어보겠습니다. 영어 단어를 외우고 문법을 이해하고 듣기와 말하기를 익히는 것은 인지능력입니다. 하지만 이것들만으로는 영어를 잘할 수 없습니다. 영어로 말하는 것에 대한 '호기심', 영어를 사용해보려고 하는 '주체성', 틀리는 것을 두려워하지 않는 '적극성', 틀려도 기죽지 않는 '자기 긍정감', 잘하기 위해 시도하고 시행착오를 반복하는 '유연성', 모르는 부분을 알려고 하거나 혹은 될 때까지 포기하지 않고 계속 하는 '의지력' 등의 비인지능력이 바탕이 되어야 비로소 영어를 잘할 수 있게 됩니다. 반대로, 비인지능력이 높아도 문법, 단어 같은 지식이 없으면 결국 영어를 잘할 수 없고 효과적으로 학습할 수도 없습니다.

이처럼 학업을 비롯한 아이의 성장에 인지능력과 비인지능력은 둘 다 중요하며, 서로 능력을 배가시킵니다.

비인지능력은 가정에서 길러진다

"그럼, 어떻게 하면 둘 다 키워줄 수 있나요?"라고 묻고 싶지요? 그 마음 충분히 이해됩니다. 우리 세대가 어렸을 때는 비인지능력 이라는 말조차 존재하지 않았으니까요. 그리고, 걱정하지 않으셔도 됩니다. 이 책이 해결해줄 테니까요.

강조하고 싶은 것은 '비인지능력은 가정에서 키워주어야 한다'는 점입니다. 아시다시피 우리나라의 '인지 교육'(=학력)은 오랫동안 세계 최고 수준이라고 평가받아왔습니다. 실제로 우리나라의 인지 교육 수준은 세계에서도 인정받을 정도로 아주 훌륭합니다. 우리나라 아이들에게는 인지능력이 기본적으로 깔려 있으니 여기에 비인지능력이 더해지면 어마어마한 효과가 나겠지요? '나는 무엇을 위해 무엇을 하며 살아왔는지'를 생각하며, 자신의 인생을 개척해나가는 인물로 자라게 될 것입니다.

근래 들어 우리나라의 교육 현장에서도 비인지능력을 육성하려는 움직임이 있지만, 여전히 인지능력 중심으로 교육이 이루어지고 있어 변화의 속도가 더딘 상황입니다. 따라서 가정에서의 비인지능력 육아가 더욱 중요합니다.

비인지능력을 키우려면 톱다운 방식으로 '가르치는' 것이 아니라, 수평적 관계에서 '시범을 보이는' 방식이 적합합니다. 비인지능력은 반복을 통해 익숙해지는 경우가 많고 집안일 돕기, 매일의 학습, 과외활동 등 그야말로 일상생활을 통해 습득되기 때문입니다. 인지능력은 학교나 학원에 맡겨도 괜찮지만, 비인지능력은 학교나 학원에 맡기지 말고 가정에서 배우는 것이라고 생각해주시기 바랍니다.

세계화, 다양화, 업무의 AI화가 진전되고 있는 현대사회에서 변화에 도태되지 않고 변화의 물결에 익숙하게 오르기 위한 무기가 바로 비인지능력입니다. 그러니 100세 시대를 강인하게 살아나가기 위한 무기를 아이들이 습득할 수 있도록 도와줍시다.

'4가지 환경'만 잘 갖춰도 비인지능력이 쑥쑥 자란다

'이래라저래라 하지 않는 육아'는 아이의 주체성과 자기 긍정감, 추진력, 자제력과 같은 비인지능력을 꽃피우는 육아법입니다. 이를 위해 부모가 할 수 있는 일은 '환경 만들기'입니다. 아이는 환경에 순응하면서 자랍니다. 아이의 능력 중 51%는 환경의 영향을 받는다는 데이터도 있으며, 환경만 잘 갖추어져 있으면 절반은 성공이라고 해도 무방합니다.

이 책에서는 제가 평소에 강조하는 대원칙인 4가지 환경에 대해 다루고자 합니다.

- 부모가 "이거 해", "저거 해" 일일이 시키지 않는 환경
- 여유와 여백이 있는 환경
- 부모가 아이에게 맡겨주는 환경
- 참지 않으면서도 자세력이 자라는 환경

우리가 겪은 육아 환경과는 정반대이지요?

앞으로 소개해갈 구체적인 방법은 비인지능력 육성 분야에서 세계를 견인하고 있는 미국에서 확립되어 실제로 그 효과가 증명된 '사회정서학습(Social Emotional Learning; SEL)'을 기본으로 합니다. 여기에 제 경험과 코칭법을 바탕으로 우리나라와 미국의 문화적 환경, 역사적 배경을 고려해 가장 효과적인 결과를 이끌어낼 수 있도록 개발하고 누구든지 즐겁게 실천할 수 있도록 고안한 것입니다.

아이와의 소중한 순간들을 행복하게 쌓아가는 마법의 길을 저와 함께 가보실까요?

준 비 마 당

스스로 알아서 하는 아이로 키우기

CHAPTER 1

자기 긍정감을 키워주는 부모 되기

이래라저래라 하지 않는 부모가 아이의 '자기 긍정감'을
최상으로 키워줍니다.

CHAPTER
2

아이에게 여백과 여유를 줄 수 있는 부모 되기

여백과 여유가 있는 환경이 '스스로 하는 아이'로 자라게 합니다.

아이의 잠재력을 믿고 지켜볼 줄 아는 부모 되기

과잉보호하지 않고 아이에게 맡기는 환경이
'자기 효능감'과 '실행력'을 높입니다.

CHAPTER

4

자기 관리 능력을 키워주는 부모 되기

'규칙'을 잘만 사용하면 '자기 관리'를 할 수 있는 아이로 자랍니다.

$\times$ $\times$ $\times$

'이래라저래라 하지 않는 육아'는 다음의 4가지 환경이
갖춰져야 실현될 수 있습니다.

· 부모가 "이거 해", "저거 해" 일일이 시키지 않는 환경
· 여유와 여백이 있는 환경
· 부모가 아이에게 맡겨주는 환경
· 참지 않으면서도 자제력이 자라는 환경

1장에서는 행복과 성공의 기초가 되는 '자기 긍정감'을
효과적으로 키우는 대응 방식을 소개하겠습니다. 아이
에게 어떤 눈빛을 보내고 어떤 말을 건넬지 등 이른바
'아이의 비인지능력을 키우는 부모의 대응 방식'입니다.
자기 긍정감은 아이의 모든 능력을 향상시키는 토대입
니다. 그렇기에 2~4장에서 이야기하는 모든 방식이 효
과를 발휘하려면 1장에서 설명하는 자기 긍정감이 기본
으로 깔려 있어야 합니다.
자, 그럼 출발해볼까요!

CHAPTER

1

자기 긍정감을
키워주는 부모 되기

이래라저래라 하지 않는 부모가
아이의 '자기 긍정감'을 최상으로 키워줍니다.

이 장에서 꼭 바꿔야 할 인식은?

"이거 해", "저거 해"라는
톱다운 유형 (복종형)의
소통 방식을

→

"해보자"라는
수평적(민주형)
소통 방식으로!

이 장에서 꼭 익혀야 할 행동은?

아이에게 자기 긍정감을 키워주는 일상에서의 대응 방식

· 아이의 말에는 일단 긍정적으로 반응하기
· 대화의 80%는 듣고 20%만 말하기
· 과정을 칭찬하는 말하기
· 언제든 "미안해", "고마워"라고 곧바로 말하기

이 장에서 부모로서 아이에게 보여줄 모습은?

· '자기 긍정감'의 본보기가 되자.
· "고마워"와 "미안해"라는 말을 먼저 건네자.

◇ ◇ ◇

민주형 부모가 아이를
성장시킨다

성공한 아이 뒤엔 민주형 부모가 있다

✧ ✧ ✧

저명한 아동발달 전문가인 다이애나 바움린드 박사(캘리포니아 버클리 대학교, 발달심리학자)의 연구 중에 '바움린드의 부모 유형(Baumrind's Parental Typology)'이라는 유명한 연구가 있습니다. '성공하는 자녀를 키운 부모의 양육 유형'을 다룬 연구인데요. 바움린드 박사가 3가지 양육 유형을 주창하고 이후 다른 연구자가 1가지 양육 유형을 추가하여 '4가지 양육 유형'을 제시하고 있습니다.

당신은 어느 유형에 속하나요?

유형1) 민주형(Authoritative Parenting):
엄격함과 허용의 균형이 잘 잡혀 있다.

유형2) 독재형(Authoritarian Parenting):
부모가 주도적으로 엄격하고 철저하게 관리한다.

유형3) 허용형(Permissive Parenting):
오냐오냐하며 아이가 말하는 대로 해준다.

유형4) 방치형/무관심형(Neglectful Parenting):
아이에게 무관심해서 방치한다.

이 중에서 가장 바람직한 부모는 물론 민주형(유형1) 부모입니다.

앞서 살펴본 정원의 이미지를 봐도 쉽게 상상이 가지요? 엄격하게 만 키워서는 아이가 잘 살아가기 어렵습니다. 그렇다고 해서 허용만 해서도 잘 살아갈 수 없습니다. 엄격함과 허용이 균형을 이루는 것이 중요합니다.

하지만 이쯤에서 부모들은 고민이 생깁니다.

- 엄격함과 허용의 균형을 어떻게 잡아야 하는지 모르겠다.
- 나 스스로에게도 엄격하지 못한데, 아이에게 어떻게 엄격함을 가르쳐야 할지 모르겠다.
- 나 자신도 완벽함을 추구하기 때문에 아이도 무턱대고 엄하게 대하게 된다.

그렇습니다. 말로 하기는 쉽지만, 실천하기는 쉽지 않습니다. 저 또한 아이를 키우는 과정에서 무척 고민이 많았던 부분이며, 지금도 부모들이 끊임없이 상담 요청을 해오는 주제이기도 합니다.

이에 대한 해결책이 있습니다. 우선 엄격함과 허용의 균형을 잡으려면 '어떤 상황에서' '어떤 말(태도)로' 해야 하는지에 대해 하나씩 구체적으로 생각해보는 것부터 시작해봅시다.

'엄격함'과 '허용' 사이의 균형이 중요하다

'엄격함' 이란 자신의 감정과 행동을 조절하거나, 사회에 도움이 되는 일원으로서 책임 있는 의사 결정이나 행동을 하는 것을 말합니다. 반면에 '허용'은 자신을 있는 그대로 받아들이고, 뭔가 생각대로 이루어지지 않았을 때도 질책하는 대신 공감해주는 것을 말합니다.

부모가 아이를 대할 때 보여주어야 하는 '엄격함'은 한마디로 '자신을 통제하고 관리하는' 측면의 엄격함이라 할 수 있습니다. 구체적으로는 다음과 같습니다.

- 아이가 할 수 있는 최고치를 기대한다.
- 아이가 할 수 있는 최고치를 지향하는 주체성과 주체적인 행동을 요구한다.
- 규칙의 필요성을 설명하고 함께 실천한다.
- 규칙을 안 지키면 제재한다.

이와는 반대로, '허용'은 '아이의 개성을 인정하고 다가가는 것'을 의미합니다. 예를 들면 다음과 같습니다.

- 아이가 자신의 기분을 표현하는 것을 응원한다.

· 규칙을 어겼을 때는 혼내지 않고 설명한다.

· 예외를 인정한다.

· 아이의 기분을 공감하고 응원한다.

· 부모의 의견과 달라도 아이의 말에 귀를 기울인다.

아이를 성장시키는 '민주형 부모'는 아이에게 먼저 말을 거는 시도를 함으로써 이러한 환경을 만들어갑니다. 엄격함과 허용 사이에서 균형을 잘 잡으면 아이의 마음에 아래와 같은 감정이 싹틉니다.

· 자기 생각과 의견, 감정 등을 (설령 표현이 서투르더라도) 자신의 말로 표현할 수 있고, 그래도 된다고 느낀다.

· 정답을 말해야 한다는 압박감 없이, '부모를 기쁘게 하려면 또는 미움을 안 받으려면 뭐라고 말해야 할까' 하는 고민 따위를 하지 않고, 부모의 표정은 살필 필요도 없이, 자신의 속마음을 숨김없이 이야기할 수 있다고 느낀다.

· '나'라는 존재가 부정당하고 있다는 생각을 하지 않는다.

· 부모가 원하는 정답을 강요받지 않는다.

· 나는 나로 있어도 된다고 느낀다.

· 나는 이해받고 있다고 느낀다.

아이가 안심할 수 있고 안전하다고 느끼는 환경에서 자기 긍정감이 자랍니다.

잘못된 칭찬이 아이를 불안하게 한다

자기 긍정감이란 '무조건 자신의 가치를 인정하는 것'을 말합니다. 다시 말해서 '무엇을 할 수 있어서', '칭찬을 받았기 때문에'와 같은 조건 없이 자신의 존재와 가치를 있는 그대로 인정한다는 뜻입니다. 설령 실패하더라도, 또는 실망할 일이 생기더라도 '그래도 나는 소중한 존재야'라고 생각할 수 있는 힘을 말합니다.

살다 보면 좋은 일도 있고 나쁜 일도 있기 마련입니다. 그렇기에 무슨 일이 있어도 자신의 존재를 무조건 긍정적으로 바라볼 수 있는 힘이 필요합니다. 우리는 자칫 '어떠한 너를 사랑한다'라고 조건을 붙여 아이를 칭찬하기 쉽습니다. 예를 들어 "좋은 성적을 받았구나", "전교 ○등을 했구나", "피아노 선생님께 칭찬받았구나", "다른 아이들보다 더 잘했네", "학원에서 레벨이 한 단계 올랐구나"라고요.

하지만 이런 식의 칭찬은 아이를 불안하게 만들 수 있습니다. 부모를 기쁘게 하는 조건을 충족시키면 괜찮지만, 혹시 그게 어렵게 된다면 '이런 나는 사랑받을 수 없을 거야', '이런 나에게는 아무도 관심이 없을 거야'라고 생각할 수도 있으니까요(아이들은 본능적으로 이렇게까지 생각합니다). 따라서 조건을 달지 않고 좋은 부분이든 좋지 않은 부분이든, 뛰어난 부분이든 부족한 부분이든 '나는 가치 있는 존재다'라고 아이 스스로 느끼게 하는 것이 중요합니다. 언제든지 '나는 가치 있는 존재다'라고 느낄 수 있는 마음, 이것이야말로 자기 긍정감의 본질입니다.

아이를 지금 모습 그대로, 존재 자체로 칭찬해주면 자기 긍정감은 쑥쑥 자라납니다. 그러나 한편으로는 그 전 단계로서 '조건부 칭찬'을 할 수 있다고 생각합니다. 왜냐하면 진입 장벽이 낮기 때문입니다. 좋은 결과가 있을 때마다 칭찬을 계속 해줍시다.

'나쁜 부분도 부족한 부분도 받아들여라'라고 했지만 그게 어디 말처럼 쉬운가요? 그래서 어린 시절의 저는 조건부라도 괜찮으니까 일단은 나 자신을 칭찬해주려고 노력했고, 그 영향으로 자기 긍정감이 높은 어른으로 성장했습니다.

그렇기에 부모들에게 "조건부라도 괜찮으니 아이는 물론 자기 자신을 칭찬해주세요"라고 당부합니다. 우선 자신이 잘하는 부분을 칭찬해주고, 좋은 일이 있으면 마음껏 기뻐하라고요. 여기서 중요한 것은 '부모 자신도 칭찬하기'입니다. 아이의 자기 긍정감을 키워주기 전에 자신을 긍정적으로 바라보는 것이 어떤 느낌인지를 부모가 아는 것이 중요하기 때문입니다.

다시 말하지만, 첫 단계에서는 조건부 칭찬도 괜찮습니다. 여기서부터 출발해서 서서히 '무조건 인정'으로 나아가면 됩니다. 그러므로 지금 당장은 우리 아이가 칭찬받을 때만 자기 긍정감이 높아지는 것 같다고 느껴져도 안심하시기 바랍니다.

여기서 주의할 점이 있습니다. 칭찬의 방법입니다. 이것은 1장의 뒷부분(75쪽 '결과 중심으로 칭찬하면 안 된다고?')에서 설명하겠습니다.

매일 도전하고 매일 시도한다

앞에서 민주형 부모가 가장 바람직한 부모 유형이라고 이야기했지요? 그런데 처음부터 민주형 부모가 될 수 있는 분은 많지 않으리라 생각합니다. 부모 중 대다수는 사랑하는 사람과의 사이에서 태어난 이 아이가 행복하게 살아가기를 바라면서 시행착오를 거듭한 끝에 민주형 부모가 되는 방법을 배워갑니다. 그러니 '나는 독재형 부모에 가깝구나'라는 생각이 들더라도 안심하시기 바랍니다. 지금부터 시작하면 되니까요.

민주형 부모가 되고 싶다면 날마다 구체적인 방법으로 실천해보시기 바랍니다. 독재형 요소가 눈에 띄면 그것을 민주형 부모의 방식으로 바꿔가면 됩니다. 이것은 언제 어디서든 가능하며, 돈 한 푼 들이지 않고 지금부터 바로 실천 가능한 일입니다.

날마다 하나씩 3주 동안 실천해보면 결과는 몰라볼 만큼 달라질 겁니다. 생각이 실천으로 이어지기 위해서는 21일이 필요하다고 합니다. 21일, 즉 3주 동안 어떤 행동을 실천했다는 것은 그 행동을 하는 것이 더는 고통스럽지 않다는 것을 의미합니다. 습관이 되어간다는 신호이므로 앞으로도 계속 이어갈 수 있습니다. 그렇게 3개월을 지속하면 그 행동은 이제 완벽하게 습관이 됩니다.

'아이가 자신의 본성을 발휘하며 행복한 인생을 개척해나가게 하려면 부모로서 어떤 모습을 보여야 할까?'를 늘 생각하면서 자신과 마주하고 아이와 마주하기를 바랍니다. 아이에 대한 이상을 우선은 부모 자신이 실천해보시기 바랍니다. 칭찬받으면 "고마워"라고 감사의 말을 건네고, 아이의 강점을 찾아줍시다.

◇ ◇ ◇

아이의 말이 틀려도
일단은 '긍정'하자

053

부모가 항상 옳을 수는 없습니다.
부모도 잘못 생각할 때가 있습니다.

사람이 잖아요.

그렇기 때문에 말이 서로 다를 때는 질문을 통해 아이가 설명을 하게끔 해야 합니다.

?

!

!

부모가 진지하게 들어주면 아이는 부모가 자신을 소중하게 여긴다고 생각합니다.

아~ 낮에 먹었구나.

점심이라고 듣지 못해서 엄마는 저녁이라고 생각했나 봐.

그렇다니까!

아이가 하는 말은 부정하지 말고 끝까지 들어주고, 궁금한 점은 묻고,

그렇게 아이와 자기 긍정감을 높이는 대화를 나눕시다!♡

부정을 하면 아이의 안정감이 깨진다

아이와 대화를 할 때 가장 중요한 것은 '부정하지 않는 것'입니다. 아이가 한 말이 정답이나 상식과 거리가 멀다고 해서 그 자리에서 "틀렸다"고 단정 짓지 말아야 합니다.

부정은 아이가 안정감을 느낄 수 있는 환경을 해치고 자기 긍정감을 낮춥니다. 어른도 그렇잖아요. 일단 내 의견을 부정당하면 더 이상 대화를 이어가기도, 과감하게 제안하기도 어려워집니다. 그렇게 마음이 닫히면 배우기도 어렵습니다. 그러니 부모는 아이가 하는 말을 끝까지 귀 기울여 들어주어야 한다는 사실을 잊지 맙시다.

그런데 여기서 알아둘 것이 있습니다. 그것은 '긍정'과 '부정'의 올바른 뜻입니다. '부정하지 않는다'는 말은 '모든 의견(말)에 동의한다'는 뜻이 아닙니다. 또한 '모든 의견(말)에 동조한다'는 뜻도 아닙니다. '긍정하는 것'은 "오호라, 그런 의견도 있겠구나"라고 아이가 말한 내용을 일단 인정하는 것입니다. 틀린 말을 했을 때도 "그건 틀렸어", "말도 안 돼"라고 부정하지 말고, 일단 "그렇구나. 왜 그렇게 생각했을까?"라고 이유를 묻거나 "다른 생각은 없을까?"라고 물으면서 아이가 더 깊이 생각해보도록 유도합니다.

"그건 틀렸어"라고 말하고 싶어지면 이렇게 질문을 하세요.

"오호라! 그런 의견도 있겠구나."

"그럴지도 모르겠네. 더 자세하게 얘기해볼래?"

"재미있는 생각이구나. 왜 그렇게 생각해?"

"엄마는 이렇게 생각하는데, 네 생각은 어때?"

"그것도 있을 수 있겠네. 하지만 엄마 생각과는 좀 다르네?"

이처럼 아이의 말을 부정하거나 수정하지 않고 동의나 동조도 하지 않으면서 일단 긍정하는 말로 대화를 이어가면 아이의 자기 긍정감이 높아집니다.

아이만의 논리를 즐긴다

우리는 어른의 논리를 아이에게 적용하려 합니다. 그리고 아이의 행동이나 말이 그 논리에서 벗어나면 "그래선 안 돼"라고 금지하거나 고쳐주려 듭니다. 이렇게 아이의 행동이나 말을 부정하고 수정하는 것은 아이의 자기 긍정감을 해치는 결과를 낳을 수 있습니다.

아이가 얼토당토않은 말을 하면 대부분의 부모들은 "무슨 뚱딴지 같은 소리야?" 라고 부정하는데, 이왕이면 '아이만의 논리' 를 즐겨봅시다. 그 과정에서 아이가 스스로 답을 발견할 열쇠를 찾을 수 있기 때문입니다.

제 딸아이가 세 살 무렵에 이런 일이 있었습니다. 딸아이와 대화를 하려고 마음먹고는 시간에 관한 퀴즈를 냈습니다. 딸아이는 대답하려다 단어가 얼른 떠오르지 않자 동그란 볼이 살짝 핑크빛으로 물들면서 우물쭈물하더군요. 저는 힌트를 주고 싶은 마음을 간신히 억눌렀습니다. 그리고 잠시 아무 말도 하지 않고 딸아이를 지켜보았습니다. 그 순간 딸아이가 "하나 미닛!"이라고 말하면서 활짝 웃었습니다. 딸아이가 말한 "하나 미닛!"은 '하나=1개'와 '미닛(minute)=분'을 합친 말이었습니다. 요컨대 "1분"이라고 말하고 싶었지만 '분'이라는 말을 몰랐던 딸아이는 자기가 알고 있던 '하나(=1)'와 영어의 '미닛(분)'을 연결해서 어떻게든 답을 말하려 했던 것입니다.

이때 저는 아이들이 이렇게까지 논리적으로 생각할 수 있구나 하고 감동했습니다. 때로는 아이의 행동이나 말이 어른의 논리나 표현 방법과 다를 수 있습니다. 하지만 아이들은 자신이 알고 있는 지식을 총동원하여 표현하려고 애를 씁니다. 아이란 참으로 대단한 존재, 멋진 존재라는 사실을 깨닫게 된 사건이었습니다.

당연히 저는 "그건 '1분'이라고 말해야 해"라고 고쳐주지 않았습니다. 대신에 "우와~ '하나 미닛'이라고 답하다니 대단하네. 진짜 미닛이 하나 있으니까 '1분'이네"라고 슬쩍 덧붙였습니다.

◇ ◇ ◇

부모는 말이 너무 많다!
대화의 20%만 말하자

틀려도 지적하거나 고쳐주려 하지 않는다

아이의 자기 긍정감을 높이는 민주형 대화법을 익히려면 기존의 대화 방식을 다음과 같이 민주형 부모의 대화 방식으로 바꿔가야 합니다.

자기 긍정감을 낮추는 기존의 대화 방식

- 가르치려 든다.
- 틀리면 지적한다.
- 틀리면 고쳐주려 한다.
- 실패하면 나무란다.
- 100점 혹은 만점을 최고로 친다.
- 부모의 의견이 정답이라고 생각한다.
- 부모 말을 잘 따르게 한다.

자기 긍정감을 높이는 민주형 부모의 대화 방식

- 아이의 의견을 듣는다.
- 의견의 차이를 받아들인다.
- 부정하고 수정하고 정정하는 대신 아이가 생각할 수 있도록 유도한다.

- 아이가 성취한 것을 칭찬한다.
- 실패를 문제 해결의 기회로 이끈다.
- 최선을 다하는 것을 바람직한 것으로 본다.
- 아이와 대화를 할 때 듣기 80%, 말하기 20%를 실천한다.
- 언어적 요소와 비언어적 요소를 병행하며 대화를 한다.

아이와 대화할 때는 엄격함과 허용의 균형을 고려하면서 위의 사항을 철저히 지키려 노력합시다. 엄격함은 아이에게 최고를 기대하는 것을 말하며, 허용은 설령 아이가 하는 말이 두서가 없고 틀린 부분이 있다고 해도 부정이나 비판을 하지 않고 따뜻하게 지켜봐주는 것을 말합니다. 때로는 "이건 어떨까?"라는 식으로 제안을 하여 도움의 손길을 내미는 것도 허용의 표현입니다.

아이가 못하는 부분을 나무라는 것은 독재형 엄격함입니다. 민주형 엄격함은 스스로에게 엄격한 잣대를 적용하는 것을 말합니다. 다시 말해, 도움의 손길을 건네기 전에 할 수 있는 부분까지는 아이 스스로 해보게 하는, 이른바 최선을 다하도록 요구하는 엄격함이 민주형 엄격함입니다.

대화의 80%는 듣고 20%만 말한다

부모가 해야 할 일은 아이의 이야기를 잘 들어주는 것입니다. 왜냐하면 사람은 말을 하면서 자신의 기분을 확인하고, 그런 기분을 느끼는 자신을 받아들이기 때문입니다. 그렇기에 아이가 거침없이 말할 수 있는 환경을 만들어주어야 합니다.

아이와 대화할 때 부모는 말을 많이 나눠야 한다고 생각하지만, 현실은 '부모가 주로 말하고 아이는 듣기만 하는 경우'가 많습니다. 부모가 말을 많이 하기보다 아이가 더 많이 말할 수 있도록 아이의 말에 귀를 기울이는 것이 훨씬 중요합니다. 즉 대화를 할 때는 아이가 80%를 말하게 하고, 부모는 20%만 말하는 게 좋습니다. 부모가 '내가 좀 많이 말하는 것 같은데?'라고 느낄 때는 이미 '좀'이 아니라 '심하게' 말을 많이 하고 있는 경우가 많습니다.

아이가 자신의 기분을 자유롭게 말할 수 있는 환경을 마련해주기 위해서는 아이가 하는 말을 부정하거나 재촉하지 않고 끝까지 들어주어야 한다는 점, 잊지 마세요.

'대화는 기다리는 것'임을 명심한다

아이와 대화할 때는 '아이가 말할 때까지 기다려주는 것'이 무척 중요합니다. 부모의 말에 아이가 바로 대답하지 않고 침묵이 이어지는 경우도 있습니다. 그러는 동안에도 재촉하지 말고 아이가 대답할 때까지 가만히 기다려줍니다. 침묵 뒤에 갑자기 본심이 나오기도 하거든요.

그새를 못 참고 부모가 또 말을 하거나 곧바로 다른 일을 해버릴 경우 기다려줬다면 들을 수 있었던 아이의 목소리가 어둠 속으로 사라져버립니다. 앞에서 언급한 바와 같이, 아이가 부모의 말에 바로 대답하지 않는다고 하여 무심코 조언하거나 자기 생각을 강요함으로써 문제를 해결하려 들면 오히려 역효과를 낳게 됩니다. 어찌 됐든 기다리는 것이 중요합니다.

만일 아이의 침묵이 너무 길어지는 것 같으면 "그래서 어떻게 했어?", "그것도 좀 더 얘기해볼래?"와 같은 식으로 아이가 말하기 쉽게 질문을 해도 괜찮습니다. 그렇더라도 일단 기다리는 것이 먼저입니다. "빨리 말해"라고 재촉하면 아이는 오히려 입을 닫습니다.

아이의 자기 긍정감을 키워주는 듣기 비법 (대화의 80%)
- 아이가 감정을 표현할 때는 있는 그대로 받아들인다.

- 아이가 감정적이 될 때는 최대한 냉정을 유지하며 듣는다.
- 아이가 정말 하고 싶은 말이 무엇인지를 알아내기 위해 내용에 집중해 듣는다.
- 듣고 싶은 부분만 듣지 말고 아이의 말 전체를 집중하여 듣는다.
- 다른 일을 하면서 듣지 않는다.
- 기다리고 듣는 것이 부모의 역할임을 되새기며 아이의 침묵에 익숙해진다.

아이의 자기 긍정감을 키워주는 말하기 비법 (공감을 나타낼 때와 질문할 때)

- 고개를 끄덕이거나 "그렇네"라고 호응하면서 아이의 감정에 공감을 나타낸다.
- 부모가 열심히 듣고 있다는 것을 아이가 느낄 수 있도록 "응", "그래?"와 같이 짧게 반응한다.
- 부모의 말은 짧게 하고, 아이가 더 많이 말하게끔 한다.
- 단정 짓는 듯한 발언은 피하고, 아이의 대답을 끌어낼 수 있는 질문을 한다.
- 아이 대신 해결하려고 답을 알려주어선 안 된다.
- 빨리 말하라고 재촉하거나, 지적 또는 정정하는 식의 부정적 반응은 하지 않는다.

아이의 감정을 감정으로 되받아치지 않는다

아이와 대화를 할 때는 어떤 경우든 '듣기 80%, 말하기 20%'라는 원칙을 철저히 지켜야 합니다. 이 말은, 뭐가 어찌 됐든 '듣는 것이 중요하다'는 뜻입니다. 그래서 부모는 말을 짧게 하면서 아이가 더 많이 말하도록 반응하거나 질문해야 합니다. 사람은 자신이 듣고 싶은 부분만 듣는 경향이 있는데, 아이의 말은 흘려듣지 말고 빠짐없이 집중하여 듣도록 합시다.

또한 20% 말하기도 어디까지나 아이가 공감할 수 있는 내용이어야 하고, 아이가 더 많이 말할 수 있게 해야 합니다. 아이가 말이 막히거나 침묵하더라도 신경 쓰거나 재촉하지 않아야 합니다. 단정 지어 말하는 것은 금물입니다. 아이가 진짜로 하고 싶은 말은 무엇인지를 살피면서 귀를 기울여야 합니다.

아이와 대화할 때 반드시 피해야 할 것은 '감정과 감정의 충돌'입니다. 아이가 감정을 표현할 때, 가령 무언가가 잘되지 않아 울거나 친구와 틀어져서 화를 내더라도 부모는 감정적으로 반응해서는 안 됩니다. 감정적으로 반응하는 것은 공감의 범위를 넘어선 '동정'이나 '동조'입니다. 그러니 부모는 냉정함을 잃지 말고, 감정적이 되기 전에 멈추는 것이 중요합니다.

아이가 자신의 기분을 공유하면 "그런 식으로 느꼈구나", "어째서 그렇게 느꼈는지 들어보니 알겠네", "기분을 얘기해줘서 고마워"라고 공감하는 말을 해줍니다. 그러면 아이는 그렇게 느끼는 자신을 인정하고 긍정적으로 받아들입니다.

사람은 '누군가가 내 마음을 알아준다'고 느낄 때 안심합니다. 그리고 마음의 문을 더 활짝 열게 됩니다.

아이가 '내 말을 들어줬다'고 느끼는 것이 중요하다

아이와 대화를 할 때는 '즉시' '무릎을 맞대고' 들어주는 것이 철칙입니다. 아이가 말을 시작하는 것은 말하고 싶은 게 있다는 의미이므로 가능한 그 순간 그 자리에서 바로 들어줍니다. '엄마(혹은 아빠)가 내 말을 듣고 있다'는 기분을 느끼게 해주면 아이가 무슨 생각을 하고 있는지, 어떤 일이 있었는지를 들을 수 있습니다.

아이의 말을 들을 때는 진지하게 경청하는 마음이 전달되도록 아이의 눈을 보면서 들어줍시다. 아이가 '내 말을 들어줬다'고 실감하는 것이 중요합니다. 누구든, 자신을 소중히 여기는 사람이 있다고 느끼면 자신의 존재를 긍정적으로 받아들일 수 있습니다.

휴대전화를 보거나 집안일을 하면서 아이의 말을 듣는다면, 설령 다른 일을 하면서도 아이의 말에 귀 기울일 수 있다 해도 아이는 그렇게 느끼기 어렵습니다. 그도 그럴 것이, 부모가 온전히 내 말만 듣는 것이 아니라 다른 것에 집중하면서 내 말을 듣고 있으니까요. 이런 일이 반복되면 아이는 자연스럽게 부모와의 대화를 포기합니다. 어차피 진지하게 들어주지 않을 것이라고 생각하기 때문입니다. 그러면 아이는 점점 부모와 대화하지 않는 아이가 되어갑니다.

때로는 바로 들어줄 수 없는 상황이 생깁니다. 그럴 때는 "○○까지 기다려줘"라고 명확하게 얼마나 기다려야 하는지를 알려주고, 들어줄 상황이 되면 반드시 "아까 하려던 얘기 해줘"라고 말합니다.

이미 부모에 대한 아이의 신뢰가 깨졌거나, 아직 그런 신뢰 관계가 마련되지 않았다면 지금부터 그런 환경을 만들어가기 바랍니다. 괜찮습니다. 아이는 환경에 순응하며 살아갑니다. 부모가 듣는 자세를 바꾸면 아이는 점차 마음을 열 것입니다.

아이는 항상 부모에게 말하고 싶어 한다

딸아이는 이미 직장에 다니는 사회 초년생이지만, 제가 요즘도 실천하고 있는 것이 하나 있습니다. 바로 딸아이가 집에 있는 동안에는 제 업무에 들이는 시간과 에너지를 반으로 줄이는 것입니다.

아이들은 부모가 자신에게 집중해주길 원합니다. 그래서 저는 아이가 고등학교를 졸업할 때까지 일의 양을 절반으로 줄이는 대신 일을 하는 동안에는 120%의 에너지를 쏟았습니다. 그리고 나머지 시간과 에너지는 아이의 말을 들어주는 등 가족을 위해 썼습니다.

아이가 대학생이 되어 기숙사에 들어가고부터는 일의 양을 다시 이전 상태로 늘렸지만 지금도 아이가 집에 오면 업무량을 50%로 줄이고 아이와 함께 지낼 시간을 마련합니다. 일이 쌓여서 도무지 시간을 함께 보내지 못할 때는 미리 아이에게 사정을 말하고 양해를 구하는데, 스물세 살이나 먹은 지금도 입으로는 "괜찮아, 난 상관없어"라고 하면서도 서운한 기색을 비칩니다. 그만큼 아이는 부모가 자신의 이야기를 들어주길 바라고, 곁에 있어주길 바라며, 자신을 위해 시간을 내주길 바랍니다. 어릴수록 더 그렇습니다.

아이가 "엄마, 엄마" 하며 달려드는 시절은 생각보다 아주 빨리 지나갑니다. 하던 일을 멈추고, 무릎을 맞대고 눈을 맞추며 아이의 목소리에 귀를 기울입시다.

◇ ◇ ◇

결과 중심으로
칭찬하면 안 된다고?

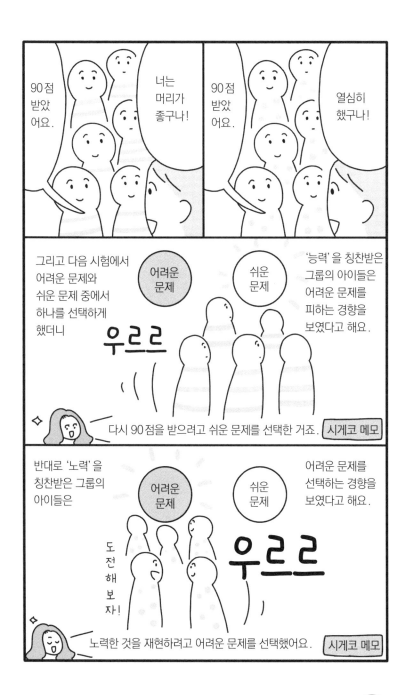

왜 그런
건가요?

원래 가지고 있는 능력이나
자질에 대해 칭찬을 받으면
어려운 문제에 도전했다가
실패하는 게 두려워서 도전
의욕이 사라지고 말아요.

어떤 점을
칭찬하느
냐에 따라
아이들의
태도가
이렇게 달
라지다니!

몰랐어요!

100점
이나
합격과
같은 결과는
웬만해서는
재현하기
어렵고

날씨
라든지

노력한
만큼
보상을
못 받을
때도
있지요.

하지만 과정은 결과에
이르기까지의 행동이니까
스스로 노력하면 보상을
받을 수 있죠.

결과가 아니라 '과정'을 칭찬한다

'결과가 아니라 과정을 칭찬한다'는 자주 듣는 말입니다만, 어째서 결과가 아니라 과정을 칭찬해야 하는 걸까요?

'만점', '합격'이라는 결과가 아니라 과정을 칭찬해야 하는 이유는 '재현성'에 있습니다. '만점', '합격'이라는 결과는 어디까지나 '그때의 결과'일 뿐이며, 아무리 노력해도 특정 조건이 갖춰지지 않으면 보상받지 못할 때가 있습니다. 반대로, 과정은 결과에 이르기까지의 행동입니다. 보상 여부와는 별개로 결과를 목표로 온 힘을 다한 노력 하나하나가 과정이며, 그것은 온전히 자신의 의지에 달려 있습니다. 그리고 행동은 재현이 가능하기에 과정을 칭찬하거나 긍정하면 좋은 행동을 습관화하는 데도 도움이 됩니다. 자기 의지로 재현할 수 있기 때문에 확실합니다.

그러므로 칭찬할 때는 무턱대고 칭찬하지 말고, 실패와 성공과는 상관없이 그 결과에 이르기까지의 과정, 즉 '무엇을 했는지', '어떻게 했는지'에 대해 칭찬하는 것을 철칙으로 삼으시기 바랍니다.

저는 딸아이를 칭찬할 때 어떤 점이 좋았다고 구체적으로 칭찬하고자 노력했습니다.

"혼자서 ○○를 할 수 있다니, 계속 한 보람이 있구나."

"전보다 ○○를 더 잘하게 되었구나."

"텔레비전 보고 싶은 것도 꾹 참고 열심히 했잖아."

아이는 자신이 열심히 하지 않았을 때, 생각만큼 결과가 나오지 않았을 때 그 원인을 부모보다 더 잘 알고 있습니다. 그런 것들을 무시하고 단순히 칭찬만 하면 아이는 부모가 진심으로 자신을 신경 쓰고 있는지 의문을 가질 수 있습니다.

과정을 칭찬할 수 있다는 것은 부모가 그만큼 아이가 노력한 과정을 지켜봤다는 얘기도 됩니다. 부모가 자신을 세심히 지켜보고 있다고 아이가 느낄 수 있으면 그다음 단계의 성장으로 이어집니다. '다음에는 더 열심히 해야지'라고 아이가 생각하게 된다면 부모에게는 그보다 큰 선물이 없겠지요?

우리 집에서는 딸아이가 고쳤으면 하는 부분이 있을 때 과정을 칭찬하면서 한마디를 덧붙입니다. "어째서 ○○는 못 했어?"라고 지적하고 싶은 마음을 누르고 "○○ 말인데, 어떻게 생각했어?"라고 묻습니다. 이렇게 표현을 조금만 바꾸면 아이의 좋은 부분도 안 좋은 부분도 있는 그대로 받아들일 기회가 됩니다.

"다 너를 위해서야", "너 때문에 창피해"
같은 말은 절대 금지!

"다 너를 위해서야."
"우리 집안은 대대로 ○○이니까 너도 이렇게 해."
"○○하는 것이 너의 행복이야."
"이 정도도 못 하면 엄마가 창피하잖아."

부모가 아이에게 자주 하는 이런 말들은 아이를 위하는 마음에서 우러나왔겠지만, 자신의 명예나 이기심도 반영되었다고 생각합니다. 또한 이런 말들은 아이를 존중하는 것과는 반대되는 말이며, 아이의 목소리를 듣지 않는 부모들이 자주 하는 말이기도 합니다. 이 시점에서 제게 전해온 아이들의 말들을 공유하고 싶습니다. 그 말들에는 하나의 공통점이 있습니다.

"사실은 ○○하고 싶은데, 그러면 엄마가 슬퍼하니까."
"엄마를 기쁘게 해주고 싶어서."
"지금까지 나를 고생해서 키워줬으니까 엄마가 하라는 대로 하고 싶어."

아이들은 종종 자신의 의견이 부모의 의견과 다르면 부모의 선택에 따라 살아가려 합니다. 자신의 행복보다 부모를 행복하게 하는 것을 우선으로 여기기 때문입니다. 이러면 아이가 자신을 긍정적으로 바라보기가 쉽지 않습니다. 있는 그대로의 자신으로 살아가는 것이 불가능하기 때문입니다. 그래서 아이를 위해 "다 너를 위해서야"라고 말하기 전에 "너는 어떻게 하고 싶어?"라고 물어봐야 합니다.

부모의 사랑은 헤아릴 수 없을 정도로 깊다지만, 코칭 상담을 하면서 느낀 점은 아이가 부모를 생각하는 마음은 부모가 아이를 생각하는 것 이상으로 크다는 사실입니다. 그런 이유에서라도 부모인 저는 나 자신에게 엄격한 잣대를 들이대면서 민주형 부모가 되기 위한 노력을 지속적으로 실천해나가고 있습니다.

◇ ◇ ◇

잘못한 게 있다면
부모가 먼저 사과하자

'사과하지 않는 부모'는 아이에게 상처를 준다

'나는 부모니까 내가 항상 옳아. 잘못 따위는 하지도 않을 뿐더러 실패도 안 하지.'

이렇게 자신에게 각인시키고, 그런 마음으로 살아가는 부모들이 많습니다. 그러나 완벽한 삶을 살아가는 것은 제아무리 뛰어난 사람도 해내기 어려운 법입니다. 무엇보다 어깨에 힘이 들어간 채 살다 보면 금세 지치지요. 아이한테도 본의 아니게 잘못이나 실수를 할 수 있습니다. 이때 중요한 것은, 자신이 잘못했다고 깨달은 순간에 은근슬쩍 넘어가지 않고 솔직하게 인정하고 사과하는 것입니다. 그리고 나서 신뢰를 회복하는 데 온 힘을 다해 노력해야 합니다.

부모가 자신의 잘못에 대해 사과하고 신뢰를 회복하는 과정이 쌓일수록 아이는 올바른 삶의 자세를 배우고, 사회성과 공감 능력 같은 비인지능력을 키워나갑니다.

소통은 의사 전달의 수단이면서 동시에 상대방에 대한 신뢰를 쌓는 일입니다. 부모와 자식 사이에도 신뢰가 없으면 좋은 관계를 유지하는 것이 쉽지 않고, 이러한 환경에서는 아이가 부모 앞에서 맘껏 자기 의견을 표현할 수 없게 됩니다. 그러므로 아이가 부모에게 불만을 표현하면 화내거나 혼내지 마세요. 아이가 그렇게 표현한다는 것은 그럴 수 있는 환경이 마련되었다는 증거이며, 이는 참으로 멋진 일입니다.

해서는 안 되는 일을 부모가 하면 당연히 아이도 그 사실을 압니다. 그래서 그 누구도 부모를 통제할 수 없다는 이유로 은근슬쩍 넘어가려고 해서는 안 됩니다. 잘못했을 때는 솔직하게 인정하고 아이에게 사과할 줄도 알아야 합니다.

부모가 나쁜 짓을 하고도 사과하지 않는 것은 인간으로서 존중받아야 할 아이의 존엄성을 해치는 일입니다. 그러면 아이는 마음에 깊은 상처를 입고 자기 긍정감이 낮아지고 맙니다. 예를 들어 감정에 치우쳐서 아이를 필요 이상으로 꾸짖고 나서 사과하지 않으면 아이는 '부모는 나쁜 짓을 해도 괜찮은 거네'라고 생각하게 됩니다.

부모가 자신의 잘못을 인정하지 않으면 아이도 그와 똑같은 어른으로 자랍니다. 다시 말해 잘못을 하고도 인정하기는커녕 사과도 못하는 사회성이 부족한 어른으로 커갑니다.

아이에게 사과할 때는 '즉시' '변명하지 말고' 한다

아이에게 사과할 때는 '즉시' '변명하지 말고', 이 2가지 포인트를 명심해야 합니다. 인간적으로 잘못했다고 깨달은 순간엔 바로 그 자리에서 사과합니다. "앗, 지금 한 말 사과할게!", "엄마가 잘못했어!", "엄마가 나빴어!" 라고요. 변명은 필요 없습니다. 어떤 변명을 하든 나쁜 건 나쁜 겁니다.

그리고 '이런 상황에서는 용서받을 수 있다'는 예외를 만들지 않아야 합니다. 예를 들어, 화가 나서 아이를 때렸다고 칩시다. 사람을 때리는 것은 어떤 상황에서든 나쁜 행동이니 손찌검을 했을 때는 그 자리에서 바로 사과합니다.

자기 긍정감은 '나의 좋지 않은 부분, 부족한 부분까지도 받아들이는 것'을 포함합니다. 그러니 은근슬쩍 넘어가려 하지 말고 인정합시다. 그리고 개선하려고 노력합시다. 부모가 자신의 부족함을 인정하고 바르게 대처하는 모범을 보이는 것이 아이의 자기 긍정감을 높이는 데 아주 중요합니다.

칭찬받으면 "고마워"라고 즉시 답한다

미국에 살면서 놀란 점은 미국 사람들은 칭찬을 받으면 "고마워!" 라면서 기쁜 마음을 솔직하게 맘껏 드러낸다는 것입니다. 부모 자신을 칭찬해줄 때도 그렇지만, 자녀에 대해서 칭찬을 해주면 무척이나 기뻐합니다.

　우리나라는 겸손하게 자기를 낮추는 것이 미덕인 사회입니다. 그래서 우리나라 사람들은 칭찬을 받으면 대부분 "그 정도는 아니에요"라고 겸손하게 대답합니다. 자녀에 대해 칭찬하면 "그렇지만 얘는 ○○은 못하는걸요", "○○가 문제예요"라면서 일부러 부족한 점을 들춰내서 말합니다.

　겸손이 미덕인 사회에서는 이러한 겸손이 자연스러운 일일 수도 있겠지만, 그러다 보면 자칫 아이의 자기 긍정감이 낮아질 위험성도 있습니다. 왜냐하면 자신을 '깎아내리는' 말을 들으면, 설령 부모가 본심에서 한 말이 아닐지라도, 아이는 그 말을 진심으로 받아들이기 때문입니다. '나는 엄마가 보기에 부족한 아이구나' 라고 충격을 받을 수도 있습니다. 물론 어느 정도 자라면 그게 인사치레라는 것을 깨닫겠지만요.

　그렇다고 해도 그런 말만 듣다 보면 결국은 자신을 긍정적인 시각으로 보기 어렵습니다. 다 큰 어른들도 겸손을 발휘해 "에이, 그렇지도 않아요" 라고 대답하고 나면 정말 자신이 하찮은 존재로 느껴지기도 하잖아요.

　"고마워요" 라고 기뻐하면서도 '낯짝이 두꺼운 사람' 으로 비치지 않을 좋은 방법이 있습니다. 그것은 칭찬을 들으면 칭찬해준 사람이나 그 사람의 자녀를 곧바로 칭찬하는 것입니다. 미국에서는 마치 칭찬 경쟁이라도 벌이듯 서로를 칭찬하기 바쁩니다. 이렇게 하면 왠지 모두가 기분이 좋아질 것 같지 않나요? "아니에요. 그렇지도 않아요"라고 대답하는 것보다 훨씬 멋진 일입니다.

칭찬을 받으면 감사한 마음을 전하고, 잘못했을 때는 자신을 책망하기보다 그 상황을 그대로 받아들이고 잘못을 사과합니다. 이런 과정을 거칠수록 자기 긍정감은 쑥쑥 자라납니다. 아이들은 이런 부모의 모습을 삶의 본보기로 삼아 성장할 것입니다.

독재형 부모: "이거 해.", "그건 틀렸어." (우선 부정)

↓

민주형 부모: "이거 해볼까?",
"그렇구나.", "어떻게 생각해?" (우선 긍정)

──── 이것만은 기억하자 ────

독재형 (자기 긍정감을 해치는) 부모에서
민주형 (자기 긍정감을 키우는) 부모로

비인지능력을 가장 효과적으로 키우는 방법은 가정에서 가르치는 것입니다. 특별한 일은 필요하지 않으며, 생각을 바꾸는 작은 실천을 매일 하면 가정은 '비인지능력 양성소'로 바뀔 수 있습니다.

지금 자신이 독재형 부모의 경향이 있다면 지금부터 아이를 대하는 방식을 조금씩 바꿔보세요. 아이의 자기 긍정감을 자라게 하는 비결은 매일 무심코 나누는 아이와의 대화 안에 있습니다.

× × ×

부모는 내 아이가 '스스로 하는 아이'로 자라길 바랍니다. 하지만 많은 부모가 그러한 바람과는 정반대로 아이를 키우고 있는 것 같습니다.

평소에 아이가 어떻게 행동하는지를 살펴보세요. 부모가 하라고 해서 하나요? 하라고 하지 않아도 하나요? 하고 싶어서 하나요? 그 차이에 따라 아이의 미래는 완전히 달라집니다.

아이에게 많은 것을 시킨다고 '스스로 하는 아이'가 되는 것은 아닙니다. 비록 효율성이 떨어지더라도 '여백이 있는 환경'이 필요합니다. 여백이야말로 아이의 행동력과 호기심, 그리고 열정을 키워줍니다. 일정을 빠듯하게 짜는 대신 아이가 성장하는 방식을 지켜봅시다.

CHAPTER

2

아이에게 여백과 여유를
줄 수 있는 부모 되기

여백과 여유가 있는 환경이
'스스로 하는 아이'로 자라게 합니다.

이 장에서 꼭 바꿔야 할 인식은?

| ·좀 더 효율적으로
·좀 더 많이
·부모가 정답!
(부모의 욕심) | → | ·비효율성도 중시한다.
·아이의 의사를 반영한다.
·아이가 정답!
(아이의 바람) |

이 장에서 꼭 익혀야 할 행동은?

아이에게 여백을 만들어줍니다.
· 매일 30분의 '공상 시간'을 루틴화하기
· 과외활동은 2개까지만!
· 뭔가를 배울 때는 '그만두는 방법'을 정하고 나서 시작하기
· 아이가 스스로 결정하는 힘과 사고력을 높일 수 있는
  '질문'을 하기
· "오늘 학교에서 뭐 했어?"라는 소소한 질문으로 아이에게서
  이야기를 끄집어내기

이 장에서 부모로서 아이에게 보여줄 모습은?

· 하루 중에서 부모 자신을 위한 '비어 있는 시간'을 만들자.
· 다양한 것에 흥미와 관심을 보이자. 그러한 부모의 행동이
  아이의 호기심을 유발하는 본보기가 된다.

◇ ◇ ◇

빠듯한 일과는

아이를 수동적으로 만든다

'좋다'는 감정이나 '해보고 싶다'는 기분은

일정이 빠듯한 상황에서는 생겨날 수 없어요.

완전한 '공백'이나 '여백' 상태에서 호기심의 씨앗이 싹튼답니다.

아이에게 여백을 만들어주는 것을 잊지 마세요.

그런 호기심과 여백을 이 장에서 생각해보기로 해요.

비결 1

매일 30분의 '공상 시간'을 갖는다.

비결 2

과외활동은 2개까지만 배운다.

비결 3

뭔가를 배우고자 할 때는 '그만두는 방법'을 정하고 나서 시작한다.

비결 4

부모의 질문 능력에 따라 아이의 '스스로 결정하는 힘', '사고력'이 높아질 수 있다.

일정이 너무 빠듯하면
아이의 주체성과 호기심이 사라진다

대부분의 부모들은 내 아이가 다른 아이들보다 더 많은 것을 더 일찍 경험하면 좋겠다는 바람을 가지고 있습니다. 그래서 본인 입장에서 쓸모없다고 생각하는 일은 배제하고, 효율성을 고려하여 아이의 일정을 세우고, 자신이 정답이라 생각하는 것을 하도록 아이에게 강요합니다. 어찌 보면 이것도 일종의 사랑이라 할 수 있습니다.

그러나 사랑하는 내 아이가 잘되기를 바라는 마음에서 애써 최선을 다한 것이 오히려 아이의 비인지능력을 해치는 결과를 초래한다면 어떨까요? '다양한 경험을 쌓게 해주고 싶어', '이것도 할 수 있다면 좋겠지?', '이 정도도 못 하면 안 돼'라는 마음으로 아이의 매일을 배움의 일정으로 가득 채운다면 배움에 대한 열정도 체력도 소진될 위험성이 큽니다.

아이가 아주 어려서부터 매일 여러 가지 과외활동에 허덕이고 있다면, 유감스럽지만 비인지능력이 길러지는 환경에서 지낸다고 할 수는 없습니다. 그러한 환경에서는 누군가가 시키는 대로 수동적으로 행동하는 사람으로 자라기 때문입니다.

자투리 시간마저도 과외활동으로 메워져 있다면 아이는 스스로 생각하거나 느끼는 시간, 그리고 체력적 여유를 빼앗기고 맙니다.

이러한 환경에서는 호기심, 주체성과 같은 '능동성'은 자라지 않습니다.

일정을 너무 빠듯하게 짜는 것은 아이에게서 소중한 주체성과 호기심을 빼앗는다는 사실을 기억하세요.

유년기에는 '충분히 놀고' '열중할 수 있는 것'을 해야 한다

사람들은 어린 나이에 이미 글과 수를 깨치고 지식과 기능을 빨리 습득하는 아이를 보면 '영재'라며 칭찬을 아끼지 않습니다. 하지만 미국에서는 그런 조기 영재 교육이 일반적이지 않습니다.

유명 사립 초등학교에 근무하는 선생님이나 그런 학교에 자녀를 보낸 부모일수록 '아이는 아이답게 유년 시절을 보내야 한다'고 생각합니다. 우리나라에서도 내로라하는 대학을 다니는 학생의 부모일수록 유년기에는 아이를 '충분히 놀게' 했고 '아이가 열중하는 것'을 하게 했다는 연구 결과가 있습니다.

부모가 아이의 하루를 각종 과외활동으로 가득 채우는 것은 아이가 '○○을 할 줄 아는 아이로 자라면 좋겠다'는 바람이 있기 때문일 것입니다. 그런데 그 바람의 근저에는 '내가 하지 못했던 것을 아이가 대신 이루어주면 좋겠다', '자랑스러운 어른으로 자라면 좋겠다', '착한 아이로 키우고 싶다', '아이가 어디서든 1등을 하면 좋겠다', '명문 고등학교와 일류 대학에 보내고 싶다'와 같은 속마음이 숨어 있습니다. 그런 마음은 세상 사람들의 시선을 의식하거나 자신이 이루지 못한 꿈을 자식을 통해 이루고자 하는 마음, 다시 말해 '부모의 욕심'이나 다름없습니다.

이러한 부모 밑에서 자란 아이들은 부모의 말을 잘 듣는 착한 아이로 살아가겠지만, 자신의 의견을 말하거나 스스로 하려는 주체성 없이 그저 다른 사람들의 시선이나 세상 사람들의 평가를 의식하며 살아갈 수 있습니다. 아이들은 기르는 대로 자랍니다. 그런 모습이 정말 우리가 바라는 아이의 모습일까요?

관심의 초점을 '아이가 하고 싶은 것'으로 옮겨야 한다

하라고 하지 않아도 스스로 열정을 가지고 행동하는 아이로 기르는 과정에서 부모의 욕심이나 세상 사람들의 시선 따위는 엄밀히 말해서 '방해'가 될 뿐입니다. 그러니 부모 자신의 욕구나 주변의 시선은 일단 제쳐두고 아이가 정말 하고 싶어 하는 것이 무엇인지, 아이의 강점은 무엇인지에 관심의 초점을 둘 수 있어야 합니다.

- 아이가 '하고 싶어 하는 것'이 무엇인가?
- 아이의 '강점'은 무엇인가?
- 아이의 능력을 최대치로 끌어올리려면 어떻게 해야 하는가?
- 부모로서 내가 해줄 수 있는 '지원'은 무엇인가?

아이의 바람을 우선으로 생각할 때 비로소 '아이가 하고 싶어 하는 것'이 보이기 시작합니다. 부모로서의 욕구가 고개를 들려고 하면 그때마다 '아이가 관심 있어 하는 일, 아이에게 중요한 일'에 관심을 두자고 마음속으로 되뇌어봅시다.

아이가 진정으로 자신이 좋아하는 것을 찾아서 스스로 행동할 수 있으려면 우선은 부모 스스로 자신의 욕심에서 아이의 바람으로 시선을 옮길 필요가 있습니다. 구체적인 방법들은 이어서 설명하겠습니다. 비인지능력 중에서도 '주체성', 그리고 주체성의 근본이 되는 '호기심'을 기르는 비결입니다.

◇ ◇ ◇

매일 30분의 '공상 시간'으로

아이에게 여백을 선물하자

'내가 좋아하는 것'을 아는 아이로 키운다

이 책의 주제는 '이래라저래라 하지 않아도 스스로 하는 아이, 스스로 할 줄 아는 아이로 키우기'입니다. 다른 사람의 강요 없이 자신의 흥미와 의사에 따라 선택한 일을 끝까지 해낼 때 사람은 가장 큰 만족과 행복을 느낀다고 합니다. 이 장에서는 그러한 '흥미와 의사'에 대해 설명하겠습니다. 어떤 것에 흥미를 느끼고 무엇을 하고 싶은지를 스스로 찾을 수 있는 아이로 키우는 방법입니다.

스티브 잡스는 스탠퍼드 대학교의 졸업식에서 다음과 같은 전설적인 연설을 했습니다.

"좋아하는 것을 발견하지 못했다면 발견할 때까지 찾아라."
"다른 사람의 인생을 살지 말고, 좋아하는 것을 찾아서 자기 인생을 살아라."

어른 중에도 자신이 뭘 좋아하는지 모른다는 사람이 많습니다. 그런 어른들조차 아이에게는 "네가 좋아하는 것을 찾으면 좋겠다"고 말하지요.

자기가 좋아하는 것을 알기 위해서는 비인지능력 가운데 '호기심'과 '주체성'을 기르는 것이 중요합니다. 호기심이란 '재밌을 것 같아',

'이게 뭐지?', '해보고 싶어'라고 생각하는 기분을 말하며, 주체성이란 '누가 시키지 않아도 스스로 하는 것'을 말합니다.

주체성은 자발성과 자주 혼동되지만 엄연히 다른 말입니다. '주체성'은 자신이 하고 싶은 일에 스스로 임하는 것을 말하고, '자발성'은 누가 하라고 한 일을 솔선해서 한다는 뜻입니다.

그러므로 호기심과 주체성을 기른다는 것은 자신이 어떠한 일에 흥미를 느끼고, 그것을 누가 시키지 않아도 하고 싶으니까 한다는 의미입니다. 한마디로 '열정'(제가 좋아하는 말입니다~)입니다. 열정이 있을 때 의지력과 회복력, 협동심 등 여러 비인지능력이 최고로 자라납니다. 열정은 나다운 인생을 살아가는 데 꼭 필요합니다.

'오늘 뭐 하지?'라는 생각에서 호기심이 자란다

아이에게 열정을 키워주기 위해 부모가 할 수 있는 일은 무엇일까요? 그것은 바로 '여백'을 만들어주는 것입니다.

온갖 방법을 써서 아이의 흥미와 관심을 자극하는 것 이상으로 아이의 내면에 호기심이 싹틀 수 있는 환경을 만들어주는 것이 중요합니다. 이러한 환경은 마음과 시간, 그리고 체력적 여유를 생기게 하므로 호기심과 주체성이 자라는 데 꼭 필요합니다. 매일같이 학원을 전전하지 않고 '좀 한가한데?', '오늘은 뭘 할까?' 하고 생각할 수 있는 정도가 아이에게는 가장 적당합니다. 마음에 여유가 있기 때문에 누가 시키지 않아도 '주체적'으로 하고 싶어집니다. 흥미 있는 일을 찾고 싶어집니다.

숙제도 교과서도 없는 학교에서 내준 단 하나의 숙제

딸아이가 다녔던 미국의 사립 초등학교는 3학년이 끝나갈 때까지 교과서도 숙제도 없었습니다. 솔직히 말해서 저는 살짝 당황했습니다. 구구단 연습조차 안 했거든요. 그래서 선생님께 "뭐라도 숙제를 내주세요"라고 부탁드렸습니다. 그러자 선생님께서 '매일 30분 공상 시간 갖기'를 숙제로 내주시더라고요.

'숙제가 공상이라니!'라는 생각이 드시죠? 당연합니다. 저도 선생님께 이 말을 들었을 때는 '공상이라고? 그거로 괜찮을까?'라는 생각이 들었으니까요. 반신반의하면서 선생님 말씀대로 매일 30분의 공상 시간을 일과에 넣었습니다.

초등학교 6학년 때까지 공상하는 습관이 지속되었습니다. 공상 시간에 아이는 그림을 그리거나 간단한 도구를 가지고 춤을 추거나 이야기를 만들었고, 때로는 아무것도 안 하고 멍하니 있기도 했습니다. 그런데 이러한 경험을 통해서 제가 배운 것이 있습니다. '○○ 하고 싶다', '○○ 해야지'와 같은 주체성은 부모의 주도로 여유 시간 없이 빠듯하게 짜인 일정에서는 생겨나기 어렵다는 사실입니다.

나는 무엇을 하고 싶은지, 어떤 목표가 있는지, 무엇을 위해 그것을 하는지를 생각하려면 마음의 자유와 시간적인 여유가 필요합니다. 공상 시간을 갖는 것이 그러한 방법 중 하나인데, 주어진 자유와 여백의 시간에 딸아이는 멍하니 이런저런 생각을 하거나 상상의 나래를 펼치거나 자신과 마주할 수 있었던 것 같습니다.

공상은 3가지 이점이 있다

멍하니 있거나 생각이 미치는 대로 이런저런 공상을 하는 30분. 이러한 시간을 갖는 것은 3가지 이점이 있습니다.

첫째, 가만히 앉아서도 자유로운 발상을 할 수 있습니다.

상식의 틀을 벗어나 공상하는 시간은 '하고 싶은 일', '이렇게 되고 싶다' 등 제한을 두지 않고 마음을 자유롭게 해방하는 것으로 이어집니다. 상상력과 호기심이 높아질 수밖에 없겠죠.

둘째, 0에서 1로 아이의 행동이 시작되는 '장'이 됩니다.

공상을 하면서 "이게 뭘까?", "어째서 이렇게 되는 걸까?", "이렇게 하면 어떨까?", "재밌을 것 같아", "해보고 싶어"와 같은 흥미가 생기면 그 자리에서 행동으로 옮길 수 있게 됩니다. 무언가 다른 일에 얽매이지 않고 행동으로 옮길 수 있으며, 어른이 시키니까 하는 게 아니라 자기가 생각한 것을 시키지 않아도 행동으로 옮깁니다. 이런 일이 반복되면 호기심과 주체성을 키우는 습관이 됩니다.

셋째, 아이를 긍정적으로 만듭니다.

사람은 강요당하지 않고 자유롭게 공상할 때 자신이 정말 좋아하는 일, 즐거운 일을 생각하게 됩니다. 그런 시간은 마음을 낙관적이고 긍정적으로 만들어줍니다. 긍정적인 마음은 실패를 두려워하지 않고 생각을 행동으로 옮기게 해줍니다. 또한 생각대로 잘되지 않을 때 다시 도전할 수 있는 회복력과 의지력을 길러줍니다.

이렇듯 공상 시간은 호기심과 상상력, 주체성을 길러주는 귀중한 습관입니다. 아이에게 무엇보다 소중한 '여백'의 시간을 꼭 만들어주시기 바랍니다.

◇ ◇ ◇

과외활동은 2개까지!
아이에게 생각할 시간을 주자

모두 몇 개나 배워?
오늘 두 개라는 건 다른 요일에도 있다는 말?
주 2회 보습 학원, 태권도, 미술, 피아노, 발레, 댄스, 수영… 이 정도?
8개?!
여섯 살이?!
그걸 한 주에 다 배울 수 있어?
일주일은 7일이잖아?!
주말에도 하거든.
매일 픽업 해야 해.
힘들지 않아?
내가 시키고 싶은 거랑 아이가 하고 싶은 걸 합치니까 이렇게 됐네.
하지만 보람은 있다고나 할까!
에헴
휙
어머나?

배우는 것이 너무 많으면 주체성이 자라지 않는다

앞에서 공상 시간의 효과에 대해 언급했습니다. 일정을 너무 빠듯하게 짜지 말고 매일 공상하는 시간을 만들어주어야 하며, 호기심과 주체성은 여백으로부터 나온다는 사실도 설명했습니다. 이렇게 여백을 두는 일과는 하루 단위는 물론이고, 일주일 단위로도 적용이 가능합니다.

요즘은 많은 아이가 어렸을 때부터 뭔가를 배웁니다. 피아노, 축구, 영어, 보습 학원 등 무엇이든 조금이라도 일찍 배워야 한다는 강박관념에 시달리는 부모들이 적지 않은 데다, 아이가 하고 싶다고 하면 시켜주고 싶은 것이 부모 마음이기 때문입니다. 실제로 제 주위에는 세 살밖에 안 된 아이가 4~5가지나 배우는 가정도 많습니다.

많은 사례를 살펴본 결과, 비인지능력 육아의 관점에서 과외활동은 2가지가 상한선이라는 것이 현 시점의 제 결론입니다. 자녀가 3가지 이상 배우고 있다면 다시 생각해봐야 합니다. 미리 짜인 빠듯한 일정을 소화하며 자란 아이는 주체성이 자랄 수 없습니다. 부모와 주위 사람들이 '시간을 어떻게 사용해야 하는지', '무엇을 해야 하는지'를 먼저 생각하고 일일이 계획을 세워주니 다음은 무엇을 해야 할지 스스로 생각하거나 일정을 짤 필요가 없기 때문입니다.

과외활동은 이렇게 선택한다

◇ ◇ ◇

애당초 과외활동은 의무교육과는 달리 '안 해도 되는 일'입니다. 부모의 바람은 다양하지만, 과외활동은 아이의 호기심을 자극하여 주체성을 키우기 위한 활동이어야 한다고 생각합니다.

아이가 무엇을 배울지는 어떻게 정하나요? 혹시 다음과 같은 기준으로 아이의 과외활동을 선택하고 있지는 않나요?

· 성적 향상에 직결되는 것
· 주변의 평이 좋거나, 대단하다고 칭찬받을 만한 것
· 남자다운 것 혹은 여자다운 것
· 다들 하는 것
· 부모의 편의에 부합되는 것 (장소, 시간 등)
· 부모가 '옛날에 하고 싶었던 것'
· 장래에 도움이 됨직한 것

뭘 배울지 선택하는 것은 아이 자신인데, 선택지가 없으면 아이는 선택할 수 없습니다. 선택지를 늘리는 것도 아이의 선택을 위해 부모가 할 수 있는 일입니다. 부모가 정답이라고 생각하는 것을 강요하지 말고, 가볍게 체험하는 정도로 다양한 것을 배워볼 수 있게 기회를 만들어주는 것이 더 의미 있는 일이라 할 수 있습니다.

그리고 부모의 편의는 배제하고, 오직 아이의 시야 확장을 위해 다른 배경을 가진 사람들과 만날 기회를 만들어줄 수 있는지도 고려하면 좋겠습니다.

좋아하는 것을 찾을 때까지
'느긋하게' '몇 번이고' '포기하지 않는다'

'좋아하는 것'은 사람마다 다릅니다. 그리고 아이가 좋아하는 것을 찾는 것은 시간이 걸리는 법입니다. 의식적으로 찾지 않으면 좀처럼 발견하기 어렵습니다. 그러므로 "이거다!"라고 생각되는 것을 발견하지 못하더라도 포기해서는 안 됩니다. '언젠가는 나오겠지'라는 마음가짐으로 느긋하게 찾아봅시다.

우리 딸아이도 발레로 정착하기까지 피아노, 기계체조, 도예, 수영, 스케이트, 테니스, 뮤지컬, 스키, 축구, 농구 등 15개도 넘는 분야를 거쳤습니다. 선택하는 것은 아이이지만 기회를 주고 느긋하게 지켜보는 것은 부모만이 할 수 있는 일입니다.

"이거다!"라고 판단할 수 있는 기준은 체험 단계에서 아이가 '몰입'을 하는지, '웃는 얼굴'로 활동하는지를 살피면 알 수 있습니다. 주변의 소리조차 인식하지 못할 정도로 몰입하는 활동이라면 삶의 의욕은 물론 비인지능력을 높여줄 수 있습니다. '웃는 얼굴'도 그 활동을 좋아하는지 아닌지를 알 수 있는 지표가 됩니다.

평소에 아이의 표정을 잘 관찰해서 아이가 몰입을 하고 자연스럽게 웃을 수 있는 기회를 늘려줍시다.

작게 시작하고, 그만둘 때의 원칙은 미리 정한다

무슨 일이든 해보기 전에는 알 수 없습니다. 재미있을 것 같아서 시작했는데 막상 배워보니 자기와 전혀 맞지 않는 것도 있고, 도무지 집중할 수 없는 것도 있습니다. 그러니 '이 활동이 아이의 장래 생계를 책임져줄 것'이라고 생각하여 관련 도구를 풀세트로 갖추는 등 시작부터 너무 큰 부담을 주지 않는 것이 좋습니다. 다시 말해, '작게' 시작하는 것이 철칙입니다.

그리고 각 활동의 특성에 맞게 1개월, 3개월, 6개월 등 배우는 기한을 정해서 '이 기한까지는 해보자'는 작은 목표를 정하고 '좀 더

해보고 싶다'는 최소 단위를 반복해갑니다. 그렇게 하다 보면 '재밌을 것 같아'가 '좋아'로, '좋아'가 '너무 좋아'로 변해갑니다. 이 과정을 거치면 '이 활동은 나에게 의미가 있다'고 생각하는 단계로 나아갑니다.

또한 그만둘 때의 원칙을 미리 정해놓으면 좋습니다. 예를 들면 '그만두고 싶다는 생각이 들 때 바로 그만두지 않고 두 번 더 해본다', '이 상태까지 하면 그만둔다' 등 아이와 함께 정한 '그만두기 원칙'을 철저하게 지키는 것입니다.

뭔가를 배우려면 돈이 들어갑니다. 돈과 시간을 많이 들인 활동일수록 도중에 그만두는 게 쉽지 않습니다. '이만큼 투자했는데 그만두기 아깝다'는 심리가 작용합니다. 그만두지 않고 계속 하면서 "끈기 있다", "도중에 내팽개치지 않는다"는 평가를 받고 싶을 수도 있습니다. 하지만 비인지능력을 키운다는 관점에서 보면 그만두기를 미루는 것은 의미 있는 결정이라고는 보기 어렵습니다.

하고 싶지 않은 일, 마음이 내키지 않는 일, 나에게는 의미나 가치가 없는데 남들이 하니까 그럭저럭 계속 해온 일로 인생이 풀리는 경우는 거의 없습니다.

아이의 비인지능력이 가장 효과적으로 자랄 때는 자신의 의사에 따라 '좋아하는 것'을 할 때입니다. 그러니 맞지 않는다는 판단이 서면 방향 전환을 주저할 필요가 없습니다. 뭐든 바로 그만둬도 된다는 말이 아닙니다. 판단 기준을 부모와 아이가 공유한 상태에서 그만둘지를 결정하는 것이 중요합니다.

그래서 우리 집에서는 새로운 것을 시작할 때 '동시에 배우는 것은 두 개까지'라는 원칙과 더불어 '하고 싶은 다른 것이 생겨도 바로 옮기지 않는다'는 원칙도 고수하고 있습니다. 너무 많은 것을 배우려 욕심내다 보면 결국 배우는 것만으로도 힘에 부쳐 즐길 수 없는 상태가 되고 맙니다.

◇ ◇ ◇

'좋은 질문', '열린 질문'으로
사고력을 키워주자

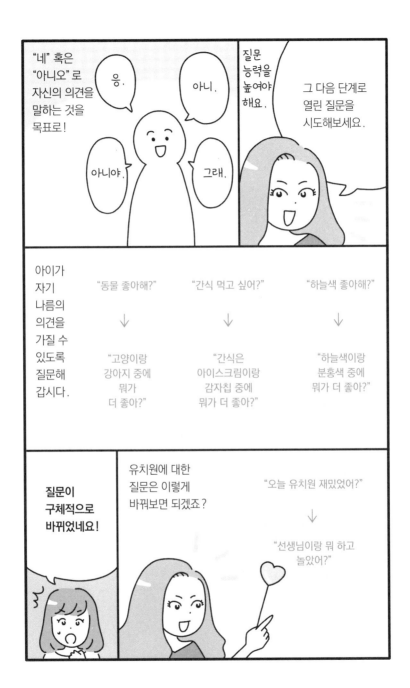

"네" 혹은 "아니오"로 자신의 의견을 말하는 것을 목표로!

응.

아니.

아니야.

그래.

질문 능력을 높여야 해요.

그 다음 단계로 열린 질문을 시도해보세요.

아이가 자기 나름의 의견을 가질 수 있도록 질문해 갑시다.

"동물 좋아해?"

↓

"고양이랑 강아지 중에 뭐가 더 좋아?"

"간식 먹고 싶어?"

↓

"간식은 아이스크림이랑 감자칩 중에 뭐가 더 좋아?"

"하늘색 좋아해?"

↓

"하늘색이랑 분홍색 중에 뭐가 더 좋아?"

질문이 구체적으로 바뀌었네요!

유치원에 대한 질문은 이렇게 바꿔보면 되겠죠?

"오늘 유치원 재밌었어?"

↓

"선생님이랑 뭐 하고 놀았어?"

더 확장해서
5W1H
(육하원칙)를
사용해서
질문 능력을
높여갑시다.

닫힌 질문

"이 기차 좋아?"

"응!"

열린 질문

"전철 타고 간 곳 중에서 어디가 제일 좋았어?"

"할머니 집에 갔을 때!"

"뭐가 좋았어? 어떤 게 즐거웠어?"

"또 가고 싶지? 언제 갈까?"

"할머니도 할아버지도 상냥한 게 좋아. 정원에서 한 바비큐 파티도 즐거웠어."

"오늘!"

대단하네요! 아이가 자기 의견을 말할 수 있게 질문을 했네요.

자연스러워!!

지금은 변화가 어마어마한 시대 잖아요.

그래서 무엇을 좋아하고 어떻게 살아가고 싶은지에 대한 '자기 의견'이 중요하답니다.

이렇게 질문하면 자기 의견이 있는 아이로 자란다

배움이든 뭐든 자기 의견이 있어야 선택할 수 있습니다. 이걸 계속 배울지, 다른 것을 배우고 싶은지, 얼마나 배울지 등을 결정할 때도 자기 의견이 중심이 되어야 합니다. 아이의 의견을 들어본 적 있나요? 아이가 자기 의견을 가지고 말하는 것은 무척 중요합니다.

자기 의견을 가지는 것이 무척 중요하다지만, 정작 우리는 "이렇게 해", "저렇게 해"라는 지시에 복종하며 자란 세대입니다. 자기 의견을 말하면 "말대꾸하지 마", "부모 말 거스르지 마"라는 말을 듣거나 혼난 기억이 있지요? 저 역시 자기 의견을 가지기보다는 부모의 말을 잘 듣는 착한 아이로 살 것을 요구당했습니다. 그런 제가 정작 부모가 되어 '자기 의견을 가진 아이'를 키워야 했으니 어떻게 해야 할지 막막했었죠.

의견을 가지려면 '생각하는' 작업이 필요합니다. 우리는 질문을 받고 나서야 비로소 생각을 합니다. 그래서 부모가 질문 능력을 높여서 아이에게 생각할 기회를 주는 것이 중요합니다.

질문은 '닫힌 질문'과 '열린 질문'으로 구분할 수 있습니다. 닫힌 질문이란 "네" 혹은 "아니오"로 답할 수 있는 질문을 말합니다.

질문: "딸기 좋아해?"

대답: "네." 혹은 "아니오."

열린 질문이란 닫힌 질문과는 반대로 "네" 혹은 "아니오"로 답할수 없는 질문을 말합니다. 그 대신 자기 의견으로 자유롭게 답할 수있는 질문입니다.

질문: "오늘 학교에서 뭐 했어?"
대답: "다 함께 운동장에서 놀았어."

이 2가지 질문 유형은 각각 효과적인 장면이 다릅니다. 닫힌 질문이 유용한 경우는 다음과 같은 때입니다.

① 아이의 의사를 정확하게 알고 싶을 때
② 아이가 의견을 말하는 것에 익숙하지 않거나, 혹은 부모의 표정을 살피거나 다른 사람의 의견이 신경 쓰여 자기 생각을 말하지 못할 때

이런 경우는 우선 "네" 혹은 "아니오"로 자기 의견을 말할 수 있도록 연습합니다. 이것은 코칭에서도 일반적으로 사용되는 방법인데, 열린 질문에 답하지 못할 때는 닫힌 질문으로 대화를 시작하는 것이 유용합니다. 예를 들면 "동물 좋아해?", "간식 먹고 싶어?", "하늘색 좋아해?"와 같은 질문을 해서 아이가 "네" 혹은 "아니오"로 자신 있

게 대답할 수 있게 합니다.

이러한 기본을 만든 뒤에 열린 질문을 해서 아이가 서서히 자기 나름의 의견을 말할 수 있는 장면을 늘려갑니다.

"오늘 학교 어땠어?"라는 질문을
이렇게 바꾸면 자기 의견의 문이 열린다

"이렇게 해", "저렇게 해" 하는 양육 환경에서 자란 아이는 갑자기 열린 질문을 하며 대답하라고 하면 아주 어려워합니다.

이런 경우에 유용한 방법은 선택지를 주고 고르게 하는 것입니다. "어떤 동물을 좋아해?"라는 질문에 아이가 대답하지 못할 때는 "강아지와 고양이 중에 뭐가 더 좋아?", "소랑 말 중에서는 어느 쪽?"과 같이 선택지를 주고 고르게 합니다. "간식은 뭐가 좋아?"라는 질문은 "간식을 먹을 거야. 아이스크림이랑 감자칩 중에 뭐가 더 좋아?", "젤리랑 초콜릿 중에 뭐가 더 좋아?"라고 질문할 수 있습니다.

또 하나 유용한 방법은 '무엇에 대해 묻는지'를 명확하게 하는 것입니다. 예를 들어 아이가 오늘 학교에서 어떻게 지냈는지 물어보고 싶을 때, 여러분은 어떻게 말할 건가요?

"학교 어땠어?"

대부분의 부모들이 이렇게 묻는데, 이 질문은 아이 입장에서는 무엇을 묻는지가 명확하지 않아 무척 대답하기 어려운 '좋지 않은' 질문입니다. 질문의 범위가 너무 넓어요.

다음처럼 범위를 좁혀서 물으면 아이가 대답하기 쉬운, 화제가 풍부한 질문이 됩니다.

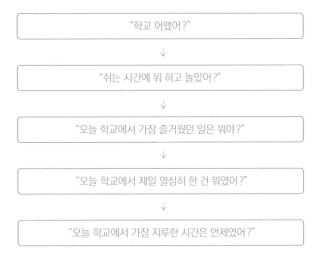

이렇게 바꿔 물으면 무엇을 묻는지가 명확해서 대답하기가 쉬워집니다. 스스로 생각해서 대답할 수 있게 되면 자기 의견을 갖는 것에 자신감도 생겨납니다. 아이가 좀 더 대답하기 쉽도록 부모가 먼저 '오늘 제일 즐거웠던 일', '열심히 한 일' 등 자신의 하루 생활을 얘기해주는 것도 좋은 방법입니다.

'누가' '언제' '어디서' '무엇을'
'어떻게' '왜'를 활용하여 질문한다

마지막으로, 효과적인 실문 방법을 하나 더 소개하겠습니다.

예를 들어 장난감 기차를 가지고 노는 아이에게 "이 기차 좋아?" 라고 닫힌 질문을 하면 "응"이라고 대답하고 말 수도 있습니다. 그 럴 때는 '누가, 언제, 어디에서, 무엇을, 어떻게, 왜'라는 5W1H(육하 원칙)를 활용해서 질문해봅니다.

예를 볼까요?

엄마: "기차 타고 가본 곳 중에서 '어디'가 제일 좋았어?"

아이: "할머니 집에 갔을 때!"

엄마: "'뭐가' 좋았어, 즐거웠어?"

아이: "할머니 할아버지가 잘해주신 거. 정원에서 한 바비큐 파티 도 즐거웠어."

엄마: "또 가고 싶지? '언제' 갈까?"

아이: "오늘!"

엄마: "우와~ 오늘?! '어째서' 오늘이야?"

아이: "그게 그러니까, 빨리 가고 싶으니까!"

아이가 자기 의견을 가지게 되면서 아이와 나누는 대화는 부모의 마음속에 간직할 수 있는 보물이 됩니다. 그런 의미에서도 부모 스스로 질문 능력을 높여가기를 바랍니다.

이 장에서는 '여백을 만들어주는 육아'에 대해 설명했습니다.

아이가 자기가 좋아하는 것을 발견하기 위해서는 여백이 필요하다는 것, 여백이야말로 호기심과 주체성이 자라는 장소라는 것을 이야기했습니다. 또한 부모의 질문 능력에 따라 아이가 자기 의견을 가진다는 사실과, 아이가 스스로 선택하는 환경을 마련하는 방법에 대해서도 설명했습니다.

다음 장에서는 그런 아이가 '혼자서도 할 수 있다!'는 마음을 가질 수 있는 해법들에 대해 소개하겠습니다.

하루 일과가 빠듯할 정도로 많은 것을 배우게 한다.

여백이야말로 호기심과 주체성이 자라는
장소임을 인정한다.

아이에게 너무 많은 것을 배우게 하지 마세요. '여백'이 있는 육아가 부모도 아이도 행복하게 합니다.

너무 많은 것을 배워야 하는 환경에서는 호기심, 주체성과 같은 '능동성'이 자라지 않습니다. 일정을 너무 빠듯하게 짜는 것은 아이에게 소중한 주체성, 호기심 등을 빼앗는 것과 같습니다.

누가 시킨 일이 아니라 자기가 하고 싶은 일을 스스로 하는 것이 '주체성'입니다. 하고 싶은 일을 찾아서 스스로 하는 아이로 키우려면 아이에게 많은 것을 배우도록 시킬 것이 아니라, '비효율성'과 '여백'이 있는 환경을 만들어주어야 합니다.

×　×　×

아이가 자기 긍정감과 주체성을 높여서 '스스로 하는 아이'로 자라는 데 있어 걸림돌이 되는 것이 있습니다. 바로 부모의 '과잉보호'입니다.

아이의 일상을 간섭하고 뭐든지 해주는 부모를 가리켜, 흡사 아이의 머리 위에서 붕붕거리며 시끄러운 소음을 내는 헬리콥터에 비유하여 '헬리콥터 부모'라고 합니다. 이 말은 넓은 의미에서 '아이에게 자신의 인생을 바치는 부모'를 총칭합니다. 헬리콥터 부모 밑에서 자란 아이는 실패하거나 좌절해본 경험이 적기 때문에 적극적으로 인생을 살아가지 못하고, 의존적인 성향을 띠게 됩니다. 설령 일류 대학에 합격해도 이런 성향을 벗어나지 못합니다.

스스로 하는 아이로 키우는 것이 중요합니다. 이번 장에서는 스스로 하는 아이로 키우기 위한 조건 중 하나인 '실행력을 높임으로써 자기 효능감이 자라는 환경 만들기'를 중심으로 설명합니다.

CHAPTER

3

아이의 잠재력을 믿고
지켜볼 줄 아는 부모 되기

과잉보호하지 않고 아이에게 맡기는 환경이
'자기 효능감'과 '실행력'을 높입니다.

이 장에서 꼭 바꿔야 할 인식은?

못하니까
해준다.

→

못하는 게 아니라
할 기회가 없었던 것!

이 장에서 꼭 익혀야 할 행동은?

자기 효능감을 높이기 위한 방법을 알고 그 방법에 익숙해지는
데 초점을 둔다.
- 시범을 보이고 작업을 세분화하여 실행력을 높이기
- 아이가 '좋아하고' '잘하는 것'을 활용하여 실행력을 높이기
- 부모가 할 일이지만 아이가 방법을 알고 있는 일은 아이에게
  맡기기
- 성공을 경험하게 함으로써 자기 효능감을 높이기
- 실패로부터 자기 효능감을 높이기
- 기다려주고 지켜봐주기

이 장에서 부모로서 아이에게 보여줄 모습은?

- '가르치기'가 아니라 '함께 하기'를 실천하자.
- 부모가 하는 것을 공유함으로써 방법을 보여주자.

◇ ◇ ◇

헬리콥터 부모는 아이에게서
'스스로 하는 능력'을 빼앗는다

헬리콥터 부모는 아이의 성장을 멈추게 한다

'헬리콥터 부모'라는 말이 있습니다. 이 용어는 1960년대에 처음 미국에서 등장해 지금은 '과잉보호와 간섭을 하는 부모', '아이의 모든 일정을 관리하는 부모', '아이가 스스로 할 수 있는 일까지 대신 다 해주는 부모', '아이에게 자기 인생을 바치는 부모' 등을 총칭합니다. 헬리콥터 부모는 아이가 실패나 실망, 좌절, 비효율성 등을 겪지 않게 하려고 넘어지기도 전에 걸림돌이 될 만한 것들을 치워주고 아이가 효율적으로 전진하게끔 미리 조건을 만들어줍니다.

'과유불급'이라는 교훈을 알면서도 어째서 '지나친' 부모가 되는 걸까요? 2가지 이유가 있습니다.

첫째, '아이 혼자 힘으로는 할 수 없다'라고 생각하기 때문입니다.

둘째, 기다리지 못하기 때문입니다.

우리는 같은 일을 여러 번 해보면서 잘할 수 있게 됩니다. 하지만 아이가 '못하는 상태'에서 '잘하는 상태가 될 때'까지 기다리지 못해서 부모가 대신 해버리고 맙니다. 그 행위가 무엇이 됐든 부모가 하는 편이 훨씬 빠르고 확실하고 능숙하겠지요. 더 오래 산 만큼 지식도 경험도 아이보다 풍부하니까요.

아이가 잘하게 될 때까지 기다리는 것은 때로는 힘든 일입니다. 부모가 대신 하면 바로 끝날 일을 아이가 시행착오를 겪거나 힘들어

하며 해내는 모습을 보면 마음이 아픕니다. 그리고 그렇게 해서 나온 결과가 미숙하거나 최상의 상태가 아니면 '역시 내가 대신 해줘야 했어'라는 생각도 듭니다.

하지만 부모가 아이 곁에 있어주는 시간은 정해져 있습니다. 평생 아이 대신 해줄 수도 없습니다. 중요한 것은 '아이 스스로 하는 것'입니다. 그러니 기다리기 힘들어도, 아이가 험난한 세상을 헤쳐가는 것이 마음 아파도 아이를 믿고 지켜봐주어야 합니다.

나도 처음에는 과잉보호하는 부모였다

저도 처음부터 믿고 맡기는 부모는 아니었습니다. 특히 주변의 평가나 경쟁을 해야 할 일이면 더욱 아이에게만 맡겨두지 못하는 부모였습니다.

과잉보호의 최정점을 찍었을 때가 바로 딸아이의 발레 여름 캠프 때였습니다. 딸아이는 계속 발레를 해왔는데, 여름 캠프는 오디션에 합격해야 참가할 수 있었습니다. 그리고 '누구나 가고 싶어 하지만 합격이 어려운' 레벨부터 '누구나 갈 수 있는' 레벨까지 캠프의 레벨이 무척 다양했습니다. 저는 '가장 좋은 캠프', '자랑할 만한 캠프'

를 중심으로 오디션 일정과 내용, 심사위원, 예술감독이 중점적으로 보는 것 등을 조사해서 엑셀 파일로 정리해 딸아이에게 건넸습니다.

"자, 캠프를 전부 조사해서 합격하기 어려운 순으로 정리해뒀어. 오전과 오후, 두 번 오디션 볼 수 있는 옵션도 몇 가지 있으니까 참고해. 엄마는 2번 옵션이 가장 좋은 것 같아. 왜냐면 여기 합격하면 엄청난 거고, 만일 잘되지 않더라도 2주 후에 다른 지역에서 볼 수도 있으니까."

그때 딸아이가 했던 대답을 지금도 생생히 기억하고 있습니다.

"고마워, 엄마. 하지만 내가 알아보고 정할게."

저는 대체 뭘 하고 있었던 걸까요? 제가 알아보는 게 더 확실하고 시간도 적게 걸리니까 했던 건데, 알고 보니 딸아이는 스스로 할 능력이 있었습니다. 이게 딸아이가 열두 살 때 있었던 일입니다. 이후로는 딸아이가 할 수 있는 일, 조금만 분발하면 할 수 있을 것 같은 일은 그냥 지켜봐주기로 했답니다.

지켜보는 건 사실 용기가 필요합니다. 하지만 이러한 용기를 갖는 것도 부모의 일입니다.

아이는 언젠가는 걸림돌에 발이 걸려 넘어질 것입니다. 그리고 스스로 일어서면서 배울 것입니다. 하지만 과잉보호를 받은 아이는 넘어지기도 전에 부모가 걸림돌을 제거하는 등 도와주기 때문에 부모가 곁에 없을 때 넘어지면 넘어진 그 상태로 있겠지요. 왜냐면 넘어져본 경험이 없어서 '일어서는' 법을 모르니까요.

이런 아이는 '못하는 것'이 아닙니다. 부모가 뭐든 대신 해주기 때문에 '하려고 시도하지 않는' 것입니다.

마음가짐을 바꿔나갑시다. '아이에게는 스스로 할 능력이 있다' 고 말이죠. 그래야 자기의 일은 스스로 할 수 있는 아이로 키울 수 있 습니다.

"못해"라는 말은 쉽게 내뱉지 않는다

우리는 "못해"라는 말을 너무 쉽게 내뱉습니다. 그런데 나이나 능 력 면에서 명백하게 '못하는' 것 외에는 못하는 것이 아닙니다. 사실 못한다고 생각하는 일들을 살펴보면 다음의 4가지 경우에 해당합니다.

· 해본 적이 없다.
· 방법을 모른다.
· 배운 적이 없다.
· 익숙하지 않다.

요컨대, '하면 할 수 있는' 것들입니다. 그리고 이것들을 하는 과 정에서 계속 발전해갑니다.

부모가 뭐든지 앞서서 완벽히 대응해주는 것은 아이에게서 배움과 성장을 빼앗는 일입니다. 태어날 때부터 걸을 수 있는 아이는 없잖아요? 뒤집기, 기어 다니기, 어른 손을 잡고 일어서기, 넘어짐을 반복하면서 걷기를 배워갑니다. 그리고 부모는 "반드시 걸을 수 있어"라고 격려하면서 아이의 성장을 지켜봅니다. 그렇게 충분한 배움의 기회를 얻은 아이는 점차 혼자 힘으로 걸을 수 있게 됩니다.

'혼자서는 아무것도 못하는 아이'로 만들지 않으려면 아이에게서 배움의 기회를 빼앗아선 안 됩니다. 그렇습니다. 과잉보호는 '빼앗는' 것입니다.

딸아이가 스스로 장학금 대회에 응모했다

앞서 언급한 것처럼 저는 딸아이의 발레 여름 캠프 때 과도한 열정으로 딸아이 일에 개입하려 했다가 큰 깨달음을 얻고 그 후로는 '믿고 지켜보는', '맡기는' 육아를 하려고 노력해왔습니다. 2017년에 딸아이는 '미국 최우수 여고생 장학금 대회'에서 우승을 차지했는데, 이 장학금 대회를 찾아서 응모한 사람도 딸아이였습니다.

나중에 알게 된 사실인데, 실은 이 대회에 지원하기 위해 학교 선생님 추천서 2통과 성적표 등 제출해야 하는 서류가 많아서 준비하는 데 애를 먹었다고 합니다. 또 전국 대회 전에 열리는 지역 예선 대회에 출전하기 위해 특기와 데모 테이프도 준비해야 했고, 지역 예선 대회 참가자들의 댄스 프로그램 연습과 당일 착용할 의상 준비 등도 스스로 해야 했다고 합니다.

지역 예선 대회는 전국 대회 8개월 정도 전에 시작됩니다. 딸아이는 그 모든 것을 혼자서 했습니다. 저는 "엄마가 도와줄 일이 있으면 얘기해"라고만 말했을 뿐입니다. 딸아이가 제게 부탁한 것은 대회 당일에 대회장까지 데려다주고 데리러 오는 일뿐이었습니다.

지역 예선 대회에서 우승한 뒤에는 전국 대회를 준비했습니다. 워싱턴DC 대표에게는 세 명의 멘토가 있었습니다. 그분들이 질의응답을 비롯한 모든 행동을 훈련시켜주었는데, 스케줄 관리 등은 딸아이가 혼자서 했습니다. "엄마가 도울 일이 있으면 얘기해"라고 말하자 이번에는 "전국 대회 때 보러 와줘"라는 부탁만 했습니다.

지원할 대학도, 입시에 필요한 SAT(대학진학적성시험)를 치르기 위해 과외를 몇 번 받아야 하는지, 어디의 누구에게 부탁할지를 정한 것도 딸아이입니다. 제가 한 일은 입시 전형료와 과외비를 내준 것, 그리고 픽업뿐이었습니다.

부모로서 딸이 좀 더 기대길 바란 저는 혼자 해내는 딸아이를 보며 조금 허전한 기분도 들었습니다. 하지만 한편으로는 '맡기는 육아'를 실천해서 딸아이를 '스스로 하는 아이'로 키웠다는 자부심이 느껴졌습니다.

아이 스스로 자기 일을 해내는 것은 자립에 필수입니다. 그렇기에 부모는 허전함이나 부족함이 느껴지더라도 아이를 믿어주는 것이 중요하다고 생각합니다.

'할 수 있다'는 자기 효능감을 시각화한다

자기 효능감이라는 말을 알고 있나요? 이것은 비인지능력의 하나로 '나는 할 수 있다', '할 수 있다고 생각한다', '반드시 할 수 있다'라고 생각하는 힘입니다. '나는 할 수 있다' 이렇게 생각할 수 있는 아이는 행동할 수 있습니다.

자기 효능감을 효과적으로 높이는 가장 유용한 방법은 '실행력'을 높이는 것입니다. 실행력이란 '하는 방법을 아는 것'입니다. 풀어서 말하면, '목표를 달성하려면 무엇을 언제 얼마나 어디서 하면 되는지에 대한 정보를 모으고, 계획을 세워서 실천하여 비로소 목표를 달성하는 힘'입니다. 이것은 '계획성'으로 바꿔 말할 수 있습니다.

일상에서도 실행력을 효과적으로 높일 수 있습니다. 등교 준비가 좋은 예입니다.

· 내일 학교에 가기 전에 할 일의 목록을 만든다.

- 언제 어디서 어느 정도의 시간을 할애해서 할지를 정한다.
- 학교에서 필요한 물건의 목록을 만든다.
- 필요한 물건을 준비하고, 할 일을 시간 내에 실행한다.

이러한 일련의 흐름이 실행력이라고 할 수 있습니다.

방법을 알려주고 익숙해지게 해서 실행력을 높인다

기억하고 있나요? 아이는 못하는 것이 아닙니다. 지금까지 해본 적이 없거나, 방법을 모르거나, 배운 적이 없거나, 익숙하지 않을 뿐입니다.

'방법을 알고 있다', '익숙하다', 이 2가지 키워드를 염두에 두고 여기에서는 실행력을 높이는 6가지 비결을 소개하겠습니다.

- 시범을 보이고 작업을 세분화하여 실행력을 높인다.
- 아이가 '좋아하는 것', '잘하는 것'을 활용해서 실행력을 높인다.
- 아이가 방법을 알고 있는 일은 아이에게 맡긴다.
- 성공을 경험하게 함으로써 자기 효능감을 높인다.

• 실패로부터 자기 효능감을 높인다.

• 기다리고 지켜봐준다.

어른이 먼저 '틀'을 짜주면 실행력을 높이기가 비교적 수월합니다. 다만, 모르니까 가르쳐줄 필요는 있으나 비인지능력을 키우려면 톱다운 방식이 아니라 '시범을 보여서' 익히게 하는 것이 효과적입니다. '함께 해본다'는 자세로 임하시기 바랍니다.

◇ ◇ ◇

이벤트를 활용해서
아이의 '작업 능력'을 끌어올리자

② 해야 할 일 정리하기	③ 필요한 것 정리하기	④ 언제까지 할지 정리하기
파티 날짜와 시간을 정한다.	친구들이 모이기 쉬운 시간은?	월요일
누구를 초대할지 정한다.	초대 인원은 몇 명이 좋을까? 누구를 초대할까?	월요일
명단을 작성하고 초대장을 만든다.	디자인	월요일
초대장을 건넨다.	직접 주기, 우편, 메일 등	월요일
어느 방을 사용할지 정한다.	메인 파티는 어느 방에서 할까? 짐 두는 방은?	화요일까지
당일 프로그램을 생각한다.	이벤트	금요일까지
당일 먹을 음식을 생각한다.	식사, 음료, 케이크는 어디까지 직접 만들 것인가?	금요일까지
식기는 어떻게 할지 정한다.	부족한 식기는 없을까? 일회용 용기를 사용할까?	금요일까지
파티 장식에 대해 고민한다.	어떤 장식을 할까? 새로 구입할 것이 있는가?	토요일
답례품을 준비한다.	카드도 함께 줄까? 직접 만든 것으로 할까?	토요일까지

4세부터는 '작업의 세분화'가 가능하다

목표를 세우고 달성하기까지 필요한 세부 계획을 짜고 실행에 옮겨 달성하는 힘, 그것은 어른이 되어서도 꼭 필요한 능력입니다. 작업을 세분화하면 익숙하지 않은 일에 직면하더라도 어디서부터 어떻게 손을 대면 좋을지 몰라 우왕좌왕하는 일 없이 추진할 수 있습니다. 그러니 목표를 설정하고 달성 기한을 정하여 목표 달성을 위해 해야 할 것과 필요한 정보를 모아 계획을 세우고 실행하여 목표를 달성하는 능력이 있다면 아이는 어떤 상황에 직면해도 목표를 달성할 수 있을 것입니다.

목표를 달성하는 방법을 아는 것은 행복한 인생을 스스로 설계하고 만들어가는 데 꼭 필요한 능력입니다. '목표를 세우고 할 일을 정해서 필요한 작업을 착실하게 수행하여 목표를 실현한다'는 흐름을 아이가 이해할 수 있도록 시범을 보여주세요.

아이의 실행력을 높이기 위한 첫 단계는 '세분화'입니다. 세분화는 다음과 같은 순서로 이루어집니다.

① '언제까지 ○○를 한다' 식으로 목표를 설정한다.
② 어떤 작업이 필요한지 구체적으로 적어본다.
③ 그 작업에 필요한 정보가 무엇인지 구체적으로 적어본다.

④ 언제 하고 언제까지 할 것인가를 구체적으로 적어본다.

⑤ 완료한 것은 체크한다.

청소, 요리와 같은 집안일은 실행력을 착실하게 높일 수 있는 최고의 활동입니다. 집안일은 지속적으로 할 수 있고 하다 보면 '익숙해질 수' 있으므로 큰 도움이 됩니다. 또한 집에서 여는 생일 파티 같은 이벤트가 절호의 기회입니다. 계획하고 준비하는 단계부터 부모와 아이가 함께 도전해봅시다.

생일 파티 준비 과정을 통해 실행력을 높인다

생일 파티를 집에서 열면 준비할 게 많다고 느낄 수도 있겠지만, '큰 목표'를 '작은 작업'으로 세분화하면 그리 어렵지 않다는 사실을 실감할 수 있습니다. 큰 것을 세분화하는 작업을 아이와 함께 여러 번 해서 언젠가는 아이 혼자서 세분화하여 실행할 수 있도록 이끌어줍시다.

생일 파티를 열기까지의 과정에는 다음과 같은 실행력이 포함되어 있습니다.

- 작업기억 : 정보를 기억하거나 적절한 정보를 활성화하는 것
- 인지적 유연성 : 상황에 맞는 방법을 찾는 것
- 자기 제어 : 우선순위에 따라 충동적 요구나 행동을 억제하는 것

생일 파티 준비에는 이러한 실행력이 모두 포함되므로 꼭 해볼 것을 강력히 추천합니다. 아이가 초등학교에 들어가기 전부터 시작할 수 있습니다.

이러한 흐름은 하나의 예에 지나지 않습니다. 아이의 나이와 초대할 친구의 상황, 거주 지역 등 세부 상황에 따라 흐름이 달라질 수 있기 때문입니다. 각각의 가정에서 생각할 수 있는 '최고의 생일 파티'를 부모와 아이가 함께 계획하는 경험은 무척 귀중한 체험이 될 것입니다.

다만, 방법을 일방적으로 가르쳐주지 말고 시범을 보이는 것이 비결입니다. 그러기 위해서는 '함께 하는' 것이 즐거우면서도 효과가 좋습니다.

이 외에 부모가 "지금 이런 것을 하려고 생각 중이야"라고 계획을 아이에 말하고 무엇을 언제 어떻게 할지에 대해 얘기해주는 것도 효과적입니다.

'SNS', '부모의 과시',
'높은 퀄리티'를 목표로 삼지 않는다

✧ ✧ ✧

　자랑할 수 있는 것, 부끄럽지 않은 것, SNS에 올릴 사진이 중요한 게 아닙니다. 아이와 의논을 하면서, 때로는 갈피를 못 잡고 헤매기도 하면서 하나씩 정해가는 과정이 중요합니다.

　우리 집에서는 이 흐름을 응용하여 생일 파티는 물론 주말의 가족 나들이, 친구 가족과 함께 하는 홈 파티 등 다양한 행사에서 딸아이의 실행력을 높이는 방법을 실천해왔습니다. 그 결과 아이의 비인지능력이 높아지고, 너무도 소중한 '우리 가족의 좋은 추억'이 생겼습니다.

◇ ◇ ◇

좋아하는 것, 잘하는 것을 하게 해서

'자기 효능감'을 키워주자

일요일 아침식사를 담당하게 하자!

실행력은 말이죠,
좋아하는 일이나
잘하는 일을 통해
높여주면 무척
슬겁게 할 수 있고
효과도 좋아요.

특히 집안일은
지속적으로 하고
반복해서
하기 때문에
익숙해질 수 있어
무척 유용하답니다.

가족이라는
최소 공동체 안에서
'도움이 되는 일원'
이라고 느끼는
것에서

협동성과
사회성이라는
비인지능력이
자라납니다.

딸아이가 요리를
좋아해서 초등학
교 1학년 때부터
일요일 아침식사
준비를 담당
했어요.

초등학생 때는
이렇게 목표를
정해서
실행했어요.

① 목표 설정하기	아침 9시까지 우리 가족 (3인분)의 아침식사를 준비한다.

② 해야 할 일 정리하기

무엇을 만들지 계획한다.

예산 내에서 재료를 산다.

혼자서 일어나서 조리한 뒤 아빠와 엄마를 깨운다.

③ 필요한 것 정리하기

어떤 재료가 필요하며, 어떻게 만들까?

재료를 적어본다.

몇 시에 일어나서 할까?

④ 언제 할지 정리하기

모두 토요일

189

'잘하는 것'은 계속 하게 한다

아인슈타인은 이런 말을 남겼습니다.

"누구에게나 재능이 있다. 하지만 물고기가 나무 타기 능력으로 자신을 판단하려고 한다면 그 물고기는 평생 '나는 무능하고 바보 같은 존재'라고 여기며 살게 될 것이다."

누구나 잘하는 일을 할 때는 자신감이 넘치고 긍정적인 생각을 품게 됩니다. 아이가 자신감을 가지기를 바란다면 아이가 '잘하는 것'을 계속 하게 해서 "해냈다"라는 성취감을 자주 느끼게 합시다.

앞에서 예시로 든 생일 파티 외에도 실행력을 무리 없이 높일 수 있는 방법이 있습니다. 그것은 아이가 '좋아하고' '잘하는' 것을 이용한 '집안일 거들기'입니다. 집안일은 매일 반복하다 보면 '익숙함'으로 이어지는 무척 유용한 일입니다. 또한 가족이라는 최소 공동체 안에서 '도움이 되는 일원이 된다'는 느낌을 받을 수 있어 사회성 측면에서 비인지능력을 키우는 데도 효과적입니다.

여기서 중요한 점은 일단 정한 '역할'은 중장기에 걸쳐 계속 하게 하는 것입니다. 부모가 임시로 시킨 일들을 이것저것 해내는 것이 아니라, 특정한 '역할'을 아이가 장기적으로 도맡아서 하는 것이 포인트입니다.

아이에게 집안일을 맡길 때는 3가지를 명심한다

우리 딸아이는 어렸을 때부터 요리를 좋아했습니다. 그래서 가족이 다같이 의논하여 초등학교 1학년 때부터 일요일 아침식사를 준비하게 했습니다. 같은 일을 반복적으로 하면서 아침식사 준비에 익숙해지고 나니 실행력이 향상되고 목표가 더 높아지고 작업 난도도 높아졌습니다. 처음 한 요리는 불과 칼을 사용하지 않는 '꼭지를 딴 딸기와 양상추 샐러드'였는데, 고등학교를 졸업할 무렵에는 팬케이크, 스크램블드에그, 베이컨말이와 같은 완벽한 아침식사로 진화했습니다.

'일요일 아침식사 담당'이라고 한마디로 일축해버리면 그만이겠지만, 이 작업에는 '(유치원생·초등학생일 때는) 불을 사용하지 않아도 되는 메뉴를 생각하고', '시간을 역순으로 계산하여 순서를 계획하고', '예산 내에서 장을 보고', '시간 내에 효율적으로 조리를 한다' 등 소중한 실행력이 포함되어 있습니다. 실행력이 높아지면 자기 효능감도 자랍니다.

여기서 부모가 지켜야 할 것은 아이가 성취감을 느끼게 하는 것입니다. 결과가 어떻든 성취감은 확실히 자신감으로 이어집니다. 그러려면 무엇보다 다음의 3가지를 명심해야 합니다.

① 부모가 도와주지 않기

② 과정과 결과에 대해 이렇다 저렇다 말하지 않기

③ 잘하나 못하나 지켜보지 않기

아이에게 믿고 맡긴다는 마음이 전해지는 것이 중요합니다.

작은 '임무'부터 시작한다

우리 집은 '일요일 아침식사 준비'를 딸아이에게 맡겼지만 부모가 평소 하는 일 중에 아이가 할 수 있는 일, 혹은 조금만 더 자라면 할 수 있게 될 일, 부모가 시범을 보이면 할 수 있는 일들을 아이에게 맡겨봅시다. 부모의 임무를 아이에게 맡기는 것은 아이의 실행력을 높이는 데도 유용합니다.

앞에서도 언급한 것처럼 아이는 '못하는' 것이 아닙니다. 대부분의 일은 부모가 대신 해주기 때문에 아이 스스로 해볼 기회가 없었을 뿐입니다. '무능력한 아이'로 키울지, '스스로 하는 아이'로 키울지는 부모의 태도에 의해 정해집니다.

어떤 일을 아이에게 맡길 때의 기준은 '이 일을 하지 않으면 곤란해지는 사람은 누구인가?'입니다. 왜냐하면 '곤란해지는 사람'이 그 일을 하는 것이 최선이기 때문입니다. 물론, 곤란해지는 사람은 아이이지만 부모만 할 수 있는 일도 있겠지요. 그런 경우, 그 임무는 부모의 일로 정해둡니다.

자신을 둘러싼 일, 자기가 안 하면 곤란한 일, 자기에게 피해가 가는 일은 스스로 할 수 있어야 합니다. 하지만 그 일이 부모만 할 수 있는 일이라면 부모가 하는 것이 비결입니다.

일상의 일 중에서 아이에게 맡길 수 있는 것을 하나하나 꼼꼼하게 살펴봅시다. 일상의 일로는 알람 시간 설정하기, 아이 깨우기, 양치하기, 옷 고르기, 옷 입히기, 등원·등교 준비, 아침밥 준비, 아침밥 먹이기, 숙제 재촉하기, 늦지 않게 등교시키기, 학원 픽업, 수업료 내기, 교통비 내기, 급식비 내기 등이 있습니다. 이 중에서 '하지 않으면 부모가 피해를 입는 일', '부모만이 할 수 있는 일'은 '수업료 내기'와 '급식비 내기' 정도입니다. 때에 따라서는 '학원 픽업'도 부모만이 할 수 있는 일에 해당됩니다.

하지만 공부하지 않으면, 매일 지각을 하면, 학교에 준비물을 안 가지고 가면, 양치를 안 해서 충치가 생기면 곤란해지는 사람은 아이입니다(치과 비용이 많이 들면 부모에게 피해가 될 수도 있겠습니다). 그러므로 결국은 아이가 이것들을 스스로 하는 것이 중요합니다.

부모의 임무를 아이에게 맡길 때는 나이를 기준으로 삼지 않아야 합니다. 아이의 현재 상태를 세심하게 살피고 많은 대화를 나누면서 아이에게 어떤 임무를 맡기는 것이 적절한지를 함께 정해갑니다.

아이와 함께 '해야 할 일'을 시각화한다

돈을 벌어서 수업료나 급식비를 내는 것처럼 부모만이 할 수 있는 일은 아이가 성장할수록 점점 줄어듭니다. 원래는 아이가 할 수 있는 일을 부모가 대신 해주고 있지는 않은지를 되돌아봐야 합니다. 이때 아이와 함께 만든 일람표가 도움이 됩니다.

일람표를 만들 때 '해야 할 일'은 누가 그 일을 할 것인지 눈에 보이게 적어둡니다. 그리고 일이 끝나면 '완수했다'는 표시를 합니다. 이 표시가 늘어날 때마다 아이의 자기 효능감이 높아집니다. 말하자면 '완수'의 증표 같은 것이니, 일람표는 눈에 잘 띄게끔 벽 등에 붙여둡시다.

◇ ◇ ◇

아이의 실패를
미리 막으려 애쓰지 말자

제 딸아이가 열다섯 살 때 발레 오디션이 있었어요.

주위에서는 주인공 역할이 확실하다고 기대했지만, 결과는 주인공의 대역이었어요.

오디션이 끝나고, 딸아이는 의기소침해져서 눈물을 흘리더라고요.

훌쩍

훌쩍

저 또한 마음이 동요했지만, 딸을 믿고 아무 말도 하지 않고 꾹 참았어요.

물론 남편과 둘만 있을 때는 엉엉 울었지만요.

나빠, 그 감독!

딸아이 앞에서는 내색하지 않고 딸이 엄청 좋아하는 스파게티를 만들어주고, 예쁜 티셔츠를 사서 딸아이 방 앞에 두기도 했어요.

벌떡

얼마 후 딸은 스스로 일어나 행동하기 시작했어요.

딸아이는 발레 감독을 찾아가 직접 담판을 지었습니다. 연기 지도를 받고 연습용 비디오를 빌리기도 했지요.

그런 딸아이의 열의가 통했는지 본 공연에서는 딸이 주인공으로 무대에 설 수 있었어요.

어떻게 실망감을 떨치고 다시 일어설 수 있었느냐고 이유를 물었더니 이렇게 말하더군요.

대역으로라도 무대에 설 수 있으니까

할 수 있는 최선을 다했어.

엄마! 다시 한번 만들어보고 싶어!

아이는 강하며, 스스로를 도울 수 있습니다.

하나 더!

지켜봐주면 아이는 다음 단계로 나아갑니다.

좋아! 해보자!

실패를 통해서 '문제 해결력'과 '회복력'을 배운다

실패를 통해 배울 수 있는 2가지가 있는데, 바로 '문제 해결력'과 '회복력'입니다.

어떤 일에 실패했을 때 의기소침해 있다가 스스로 떨치고 일어나 현실에 적응해가는 능력을 '회복력'이라고 합니다. 이것도 비인지능력 중 하나입니다. 아이가 실패했을 때 부모가 나서서 사건을 해결해주면 실패로부터 배울 수 있는 소중한 기회를 빼앗는 셈이 됩니다.

실패는 실패로 끝날 수도 있고, 미래로 연결될 수도 있습니다. 실패하고 포기한다면 실패에 머무르고 맙니다. 하지만 실패를 '통과점'으로 삼으면 이겨내는 과정에서 '할 수 있다'는 자기 효능감이 자랍니다. 그리고 예상했던 결과는 얻지 못해도 '어떻게 하면 좋을까' 하며 문제 해결을 위한 사고가 가능해집니다.

그러므로 실패에 직면한 아이에게 도움의 손길을 내미는 대신 아이가 스스로 자기를 구할 수 있도록 문제 해결을 독려하는 말을 건네기를 바랍니다. 실패해도 괜찮습니다. 아이들은 어른들이 생각하는 것 이상으로 훌륭한 능력이 잠재되어 있습니다. 아이는 부모가 생각하는 것보다 훨씬 강인한 존재입니다.

내 아이가 실패에 대해 분하게 여기고 슬퍼하는 모습을 지켜보는 것은 부모로서 무척 고통스러운 일이지만, '이 아이는 반드시 이겨낼 거야'라고 믿으며 아이의 마음에 다가가주세요. 스스로 다시 일어섰을 때 아이는 커다란 열매를 얻게 됩니다. 그 열매는 바로 '난 할 수 있어. 괜찮아'라고 생각하는 '자기 효능감'입니다.

아이는 자신을 돕는 방법을 터득해간다

저도 부모로서 갖춰야 할 강인함을 시험받은 경험이 있습니다.

딸아이가 열다섯 살 때 발레 공연 <호두까기 인형>의 주인공을 뽑는 오디션이 있었습니다. 워싱턴 발레단과 함께 워싱턴DC 워너 극장(2,000명 수용)에서 30일 동안 펼쳐지는 어마어마한 공연이었습니다. 세 명의 주인공을 뽑는 오디션이었는데 저희 아이도 그중 한 명으로 무난히 뽑힐 거라는 예측이 우세했습니다.

하지만 오디션 결과 딸아이에게 주어진 배역은 '주인공의 대역(이른바 언더스터디)'이었습니다. 주인공이 세 명이나 있었기 때문에 설령 그중 한 명이 공연을 못 하게 되더라도 대신 무대에 설 수 있는 사람이 두 명이나 더 있어 딸아이가 무대에 오를 확률은 거의 제로에 가까웠습니다.

오디션이 끝나고 나서 딸아이는 망쳤다는 생각에 완전히 풀이 죽어 있었습니다. 집으로 돌아오는 길에는 자동차 뒷좌석에서 하염없이 눈물을 흘렸습니다. 좀처럼 울지 않는 아이였기에 지켜보는 저도 마음이 아팠습니다.

그날부터 3일 동안은 정말로 딸아이를 지켜보는 것이 고통스러웠어요. 딸에게 이런 고통을 안겨준 심사위원인 무대감독에게 화가 치밀어 '무대감독한테 따지러 갈까?' 하는 생각이 들었지만, 내가 아이에게 해줄 수 있는 최선의 도움은 아이가 이 상황을 어떻게 대처하는지 지켜보는 것이라고 믿고 견뎠습니다. 안타깝고 초초한 제 마음을 딸아이 앞에서는 결코 내색하지 않았고, 딸이 좋아하는 스파게티를 만들어주고 예쁜 티셔츠를 사서 딸아이 방 앞에 두는 것으로 제 마음을 전달했습니다. 밤 10시 30분은 '엄마 업무 마감 시간'이지만 '오늘은 10시 30분이 넘어도 엄마가 할 수 있는 일이 있으면 말해~'라는 메모를 남겨놓기도 했습니다. 하지만 남편 앞에서는 "그 감독 너무해!"라면서 펑펑 울었습니다.

딸아이는 그 후에 어떻게 했을까요? 딸아이는 직접 무대감독을 만나 담판을 지었습니다. 주인공에게만 빌려주는 비디오를 "대역도 동작을 꼼꼼히 익혀야 한다"면서 빌려왔고, "부족한 동작을 봐달라"며 5분간 따로 지도를 받기도 했습니다. 그런 딸아이의 열의가 무대감독의 마음을 움직였는지 최종적으로 딸아이는 네 번째 주인공으로 발탁되어 본 무대에 설 수 있었습니다.

딸아이는 그때의 심정을 이렇게 말했습니다.

"대역으로도 뽑히지 않은 친구들이 훨씬 더 많아. 게다가 이 역할은 내가 늘 동경해왔어. 대역이라도 무대 옆에 있으면 같은 동작을 배울 수 있고, 어쩌면 무대에 설 기회가 오지 않을까 하는 생각에 최선을 다해보자고 결심한 거야.”

아이들에겐 스스로를 도울 수 있는 강인한 힘이 있습니다. 그리고 그 도움은 부모가 주는 도움보다 훨씬 강력합니다. 아이가 괴로워하는 모습을 지켜보기만 하는 것은 무척 고통스러운 일이지만, 그럴수록 아이를 믿고 의연히 기다려준다면 아이는 실패를 통해 배울수 있다는 사실을 경험을 통해 절실히 깨닫습니다. 그때 제가 감독한테 따지러 가지 않은 게 얼마나 다행인지 모릅니다!

말보다는 행동과 태도로 표현한다

예상했던 결과를 얻지 못해서 풀이 죽어 있는 아이에게 어떤 말을 해줘야 할지 몰라 갈팡질팡할 때가 있습니다. 그럴 때는 굳이 '언어'로 전하지 않아도 되니 비언어적 방법으로 다가가면 어떨까요? 좋아하는 간식을 준비해둔다든지, 저녁 메뉴를 아이가 좋아하는 것으로 해준다든지, 아이의 페이스에 맞춘다든지, 여러 가지 방법이 있을 것입니다.

아이가 슬퍼서 조용히 있을 때에는 부모도 텔레비전 소리를 작게 하거나 큰 소리로 웃는 것을 자제하며 조용한 환경에서 아이가 안정감을 찾도록 기다려주는 것이 좋습니다. 욕조에 아이가 좋아하는 입욕제를 넣어주거나, 평상시보다 이불을 더 폭신하게 해주는 등 직접 말을 거는 것 말고도 할 수 있는 일은 얼마든지 있습니다.

부모기 걱정스러운 얼굴을 하고 있으면 아이는 도리어 불안해집니다. 그러니 그럴 때일수록 부모는 의연한 태도를 보여야 합니다. '괜찮아질 거야'라는 마음을 담아 아이와 눈을 맞춥시다.

아이에게 부모의 감정까지 신경 쓰게 해서는 안 됩니다. 예를 들어 아직 슬픔에 잠겨 있는 아이에게 "난 이제 괜찮아"라고 무리하게 말하게끔 만들어서 부모 자신이 안심하려고 해서는 안 됩니다. 그러면 아이가 자신의 기분을 속이게 되고, 결국 문제 해결이 늦어져서 실패가 실패로 끝나버릴 위험성이 큽니다. 게다가 '엄마를 슬프게 하지 말아야 한다'는 마음과 '부모의 감정도 내가 돌봐야 한다'는 감정까지 싹터서 부모를 위해 살아가고 맙니다. 아이의 인생은 어디까지나 아이의 것임을 명심하세요.

◇ ◇ ◇

'기다린다'고 생각하지 말고

'지켜본다'고 생각하자

'기다림'은 그 자체로 훌륭한 응원이다

'스스로 하는 아이'로 키우기 위해서는 부모가 '기다려주는' 것이 무척 중요합니다. 그러나 아이보다 앞서 나가서 해결책을 주거나 대신 해주지 않고 아이가 어떻게 할지 기다리는 것은 말처럼 쉽지 않습니다. 기다리기가 어려운 이유는 기다리는 것을 '참는 것'으로 생각하기 때문입니다. 참는다는 말은 왠지 모르게 부정적인 느낌이 들지요? 그렇다 보니 기다리는 것이 더욱 힘들게 느껴집니다.

'참는 것'에 대해서는 4장에서 자세히 다루겠지만, 아이가 무언가를 해내기까지 기다리는 것을 부정적으로 여기지 말고 긍정적으로 받아들이는 마음가짐이 필요합니다.

그래서 저는 '기다린다'는 표현 대신 '지켜본다'는 표현을 써보라고 제안합니다. '지켜보는 것'은 '참는 것'과 달리 '기다림으로써 더 나은 미래를 내다보는 것'을 의미합니다. '분명히 하게 될 거야'라고 아이를 믿는 것을 뜻합니다.

어떤가요? 조금 다르게 느껴지지 않나요? 기다림의 고통이 줄어든 것 같지 않나요?

그렇지만… "아무리 지켜봐도 아이가 못 해낼 때가 있잖아요. 그럴 때도 하염없이 지켜만 보나요?" 그렇게 묻고 싶으시죠? 맞습니다. 그럴 때가 있지요. 지켜보는데도 아이가 도무지 해낼 수 있을 것 같지 않을 때, 그럴 때는 도와줍니다. 어른에게는 금방 할 수 있는 일이 아이에게는 어려운 일일 수 있으니까요.

하지만 도와주는 것이지 대신 해주는 것은 아니랍니다. 함께 해보고, 시범을 보이고, 중간까지는 도와주고 나머지는 혼자 하게 하는 등 곁에서 거들어주는 정도로만 도와줍시다.

기다리는데 아이가 생각대로 반응하지 않고 행동하지 않을 때가 있지요? 그럴 때 "빨리 해", "왜 알려준 대로 안 하는 거야" 하고 언성을 높이면 역효과를 낳을 뿐입니다. 이런 경우에 부모는 마음가짐을 바꾸어야 합니다. '나라면 이 정도쯤은 금방 해치울 수 있지만, 아이에게는 어려울 수 있겠구나'라고요. 어른에게는 당연한 것이 아이에게는 당연하지 않을 수 있습니다. 아이를 대할 때는 '어른의 기준과 아이의 기준이 다르다'라고 이해하는 것이 중요합니다.

마냥 기다리는 것이 아니라 '지켜보면서' '아이의 기준을 받아들이는' 습관을 들이기 위해 메모지에 써서 붙여놓거나, 수첩에 적어두고 매일 들여다보면서 자신을 훈련해봅시다.

이 장에서는 '지나치지 않은 육아'라는 주제로 아이의 실행력을 높이고 '스스로 하는 아이'로 키우는 방법을 소개했습니다. 그리고 부모의 습관 만들기, 아이의 실패를 미리 막아주지 않음으로써 실패를 통해서만 얻을 수 있는 값진 경험을 하게 하기, 그리고 아이가 성장할 때까지 기다리고 지켜봐주는 것의 중요성에 대해 다뤘습니다.

아이에게 어떤 역할을 맡길 때 생기는 부모와 아이의 거리감 속에서 아이는 스스로 할 수 있는 것들을 차곡차곡 늘려나가고 자신감을 키워갑니다. 부모의 지나친 개입은 성장의 기회를 빼앗는 일입니다. 지나치게 개입하지 않고 아이에게 맡기는 것은 아이가 스스로 하게끔 훈련하는 기회를 제공하는 일입니다.

못하니까 해준다.

못하는 게 아니라 할 기회가 없었던 것뿐.

아이를 위해 대신 해주고 싶어질 때야말로 꾹 참아야 할 때입니다. 아이가 스스로 할 수 있도록 훈련할 기회를 빼앗아서는 안 됩니다.

기다리는 것은 아이를 지켜보는 것입니다. 아이가 스스로 자기 일을 해내는 과정을 응원하는 것은 기다림으로 얻을 수 있는 기회입니다. 아이의 실행력은 '방법을 알고' + '익숙해짐'으로써 크게 자라납니다. 부모가 하는 일을 적절하게 아이에게 맡기는 것도 아이의 자기 효능감과 실행력 면에서 중요합니다.

$\times$ $\times$ $\times$

지금까지 자신과 타인을 소중히 여기고, 시키지 않아도 할 일은 스스로 하는 아이로 키우는 환경을 마련해왔습니다.

4장에서는 행동의 주체인 아이가 책임 있는 사회의 일원으로서 의사 결정을 하고 행동을 해나가면서 '스스로 자기 관리를 할 줄 아는 능력'을 키워나가는 방법을 설명합니다.

자기 관리 능력의 열쇠는 자제력입니다. 많은 분이 '자제력은 곧 참는 힘'이라고 생각하는데, 사실 자제력의 본질은 그것보다 긍정적인 특성을 지니고 있습니다. 자제력을 '참는 힘'이 아니라 '미래를 내다보고 행동하는 힘'으로 이해하고, 아이가 스트레스를 받지 않으면서 자기 관리 능력을 키워나갈 수 있게 도와주시기 바랍니다.

CHAPTER

4

자기 관리 능력을
키워주는 부모 되기

'규칙'을 잘만 사용하면
'자기 관리'를 할 수 있는 아이로 자랍니다.

이 장에서 꼭 바꿔야 할 인식은?

참는 것은
'싫은 일'이고
'힘든 일'

→

참는 것은 미래에
있을 좋은 일을
내다보고 행동하는 일

이 장에서 꼭 익혀야 할 행동은?

자제력을 높이는 환경을 만든다.
• 아이가 비상할 수 있는 '날개로서의 규칙'을 만들기
• 아이 스스로 감정을 받아들이고 조절하게끔 도와주기

이 장에서 부모로서 아이에게 보여줄 모습은?

• 자기 관리 능력이란 무엇이고 왜 필요한지를 이해하고
  실천하자.
• '필요한 훈육'과 '필요하지 않은 훈육'을 확실히 구분하자.
• 부모 스스로 자신의 감정을 '받아들이고' '표현'하자.

◇ ◇ ◇

자제력은 '참는 힘'이 아닌
'앞을 내다보는 힘'이다

자제력이라고 하면 '인내＝힘든 일을 참는 힘'이라고들 생각하는데

힘드네

괴로워

반짝

꾸욱~

반짝

자제력의 본질은 '앞으로 다가올 나은 미래를 내다보고 행동하는 힘'이랍니다.

마시멜로 실험에서 참아낸 3분의 1의 아이들을 추적 조사했더니 SAT(대학진학 적성시험) 점수가 높고 비만지수가 낮다는 데이터가 있었다고 합니다.

healthy

자제력이라는 게 싫은 일을 참고 견디는 게 아니구나.

그렇구나

그 뒤에 생길 좋은 일을 내다보고 그것을 얻기 위해 자기를 통제하며 행동하는 힘이 자제력이죠.

자제력은 자기 관리 능력을 높이는 열쇠다

하기 싫은 숙제를 해치우고 나면 자유 시간이 기다리고, 마음이 내키지 않아도 매일 꾸준히 공부에 전념하면 목표한 학교에 진학할 수 있으며, 간식을 줄이고 자신에게 맞는 운동을 꾸준히 하면 이상적인 몸매를 유지할 수 있습니다. 이와 같은 자제력은 어른이 되어서도 삶의 목표를 달성하기 위한 중요한 요소로 작용합니다.

자제력을 '힘든 일을 참는 힘'이라고들 알고 있는데, 사실 자제력의 본질은 '미래를 내다보고 행동하는 힘'입니다. 자제력이 있는 사람은 다가올 미래를 '나에게 의미 있는 것'이라고 여기며, 그러한 미래에 도달하기 위해 내키지 않는 일도 이겨냅니다.

또한 자제력은 다른 일을 하다가도 목표에 집중해야 할 시점에 바로 목표에 집중하게끔 주의력을 전환해줍니다. 예를 들어 게임을 하다가도 공부 시간이 되면 학습지를 풀 수 있는 힘입니다. 실제로 마시멜로 실험에서 5분간의 기다림에 성공한 아이들은 기다리는 동안 다른 일을 생각하거나 눈을 감아서 사고의 전환을 꾀했다고 합니다. 집중해야 할 시점에 주의력을 모으면 원하는 결과를 얻을 수 있는 것은 당연하지요.

자제력은 인간관계에서도 활용됩니다. 다른 사람을 배려한다는 것은 자신의 감정을 조절한다는 의미도 되기 때문입니다. 뇌과학 분야에서는 자제력이 작용할 때 다른 사람에 대한 배려심도 활성화된다는 연구 결과가 발표되기도 했습니다.

그러니 자기 관리 능력의 핵심인 자제력을 억지로 견디며 키우지 말고, 즐겁게 긍정적으로 길러가기를 바랍니다. 무한정 참을 수는 없습니다. 한계가 있기 마련이지요. 하지만 즐거운 일이라면 계속할 수 있겠지요? 그러므로 육아 키워드는 '참지 않는 환경 만들기'입니다.

참지 않는 환경에서 자제력을 즐겁게 키우기 위해서는 '훈육', '규칙', '감정 조절'이 필요합니다. 이런 것들은 왠지 즐거울 것 같지 않다고요? 안심해도 됩니다. "이거 해", "저거 해"하고 지시하거나 명령하지 않는 것은 지금까지의 육아 방식과는 정반대의 방식이죠? 그러니 훈육, 규칙, 감정 조절에 대해서도 마음가짐을 새롭게 바꿔야 합니다.

- '훈육은 엄격하게'에서 '훈육은 덮어두는 것'으로
- '규칙은 지키게 하는 것'에서 '규칙은 만드는 것'으로
- '감정은 억제하는 것'에서 '감정은 발산하는 것'으로

이것들에 대해서는 하나씩 차근차근 설명하겠습니다.

훈육이 필요한 건 2가지 상황뿐이다

훈육은 부모가 아이를 통제하는 행위입니다. 저는 훈육이 다음과 같은 2가지 상황에서만 필요하다고 생각합니다.

- 아이의 생명과 건강에 해가 될 것이 예상될 때
- 사회의 규범에 반할 때

그 외의 경우에는 눈감아줍니다. 뭐든지 부모가 말한 대로 따르게 하는 훈육은 효과가 없습니다. 아이가 스스로 관리하는 힘을 기를 수 없기 때문입니다.

부모가 시키니까 싫어도 참고 규칙을 지키게 만드는 것이 아니라, 규칙을 지키는 것이 자신에게 이익이 되기 때문에 자진해서 따른다면 '부모가 말해서 지키는' 규칙일지라도 아이의 자기 관리 능력을 자라게 만드는 기회로 삼을 수 있습니다.

부모가 훈육을 해야 할 구체적인 예는 다음과 같습니다.

- 아이가 불이나 뜨거운 물을 가지고 놀려고 할 때
- 귀가 시간을 지키지 않고, 어두워져도 집에 오지 않을 때
- 좌우를 살피지 않고 찻길로 뛰쳐나가려 할 때

• 도서관에서 큰 소리로 떠들 때

• 친구를 때렸을 때

• 화를 못 이겨 물건을 망가뜨릴 때

'아이의 생명과 건강에 위험이 닥칠 거라 예상될 때', '사회의 규범에 반할 때' 외의 훈육은 '쓸데없는' 훈육인 경우가 많습니다.

"방 좀 정리해!"는 쓸데없는 훈육이다

"잠시만요. '쓸데없는' 훈육이라는 게 있나요?"

그런 소리가 들려오는 것 같습니다. 네, '쓸데없는' 훈육은 무척 많습니다. 예를 들어 다음과 같은 상황에서 야단을 친 적이 있나요?

• 아이의 방이 어질러져 있을 때

• 옷장 정돈이 안 되어 있을 때

• 저녁식사 때 아이가 싫어하는 음식을 남겼을 때

• 잘 시간이 되어도 텔레비전을 보고 있을 때

• 학교에서 돌아와서 숙제도 하지 않고 자기 방에서 빈둥거리며

시간을 허비할 때

· 부모가 말할 때까지 중요한 프린트물이나 가정 통신문을 가방에서 꺼내지도 않을 때

· 빨랫감을 빨래 바구니에 넣지 않을 때

이런 경우에 정녕 훈육이 필요할까요? 이런 상황이 과연 아이의 생명과 건강에 큰 해가 될까요? 아이가 한 행동이 사회생활을 해나가는 데 장애가 되는 행동인가요? 애당초 부모가 혼내서 '하게 만드는' 일은 아닐까요?

훈육을 핑계로 감정을 폭발시키고 그로 인해 아이가 공포심에 휩싸여 '무언가를 그만두는' 것은 일시적으로 효과적일 수 있습니다. 즉 아이는 지금 하는 행동을 공포심 때문에 바로 멈출 것입니다. 하지만 그것은 단순한 위험 회피에 지나지 않습니다. 이러면 자기 관리로는 이어지지 못합니다.

이 장에서는 훈육을 자기 관리로 연결하는 방법을 소개하지만, 훈육보다 더 자기 관리에 효과적인 방법이 있습니다. 그것은 스스로 자신을 통제하는 '규칙 만들기'입니다.

아이는 규칙 지키기 이상으로
'규칙 만들기'를 통해 성장한다

가족 규칙을 함께 만들면 여러모로 도움이 됩니다.

부모 마음대로 정한 규칙이 아니라 가족이 함께 정한 규칙은 아이에게 '내 일'이 됩니다. 그러면 아이는 규칙을 잘 지켜냄으로써 자신감과 성취감을 느낄 수 있습니다.

'성취감'이라고 하면 대단히 큰 성공이 상상되지만 사실 성공은 크기보다는 횟수가 더 중요합니다. 다시 말해, 정한 규칙을 매일 '지켰다'는 경험이 쌓이면 아이의 자기 효능감과 자기 긍정감이 쑥쑥 자라납니다. 그리고 이러한 감정을 또 맛보기 위해 같은 행동을 재현할 가능성이 높습니다.

습관이 되기 위해서는 '그렇게 하는 게 당연한 것은 아니다'라고 인식하는 것이 중요합니다. 꼭 지켜야 할 규칙을 지켰을 때는 "○○ 해줘서 고마워", "오늘 ○○ 너무 좋은걸?"과 같이 행동에 주목하여 칭찬해줍시다. 가족에게 도움이 되었다고 느끼거나 규칙을 지킬 수 있다고 생각되면 다시 같은 행동을 하고 싶어집니다. 이런 과정이 반복되면 규칙을 지키는 좋은 행위가 습관이 되어갑니다.

'가족 규칙'은 흔들리는 부모를 잡아준다

부모도 인간이기 때문에 기준이 흔들릴 때가 있는데, 가족이 함께 규칙을 정하면 '잠깐의 감정'으로 부모가 태도를 바꾸는 것을 방지할 수 있습니다.

부모 자신이 흔들리면 아이도 흔들리고 맙니다. 이런 경우에는 가족이 함께 정한 규칙이 큰 도움이 됩니다. "엄마가 하라고 해서 그렇게 하는 것이 아니라 모두 함께 정한 규칙이니까 지켜야 하는 거야"라고 아이를 독려할 수 있습니다.

아이는 성장하면서 다양한 공동체에 참여하게 됩니다. 아주 어렸을 때부터 공동체의 최소 단위인 '가정'의 규칙을 지키는 것은 공동체에 도움이 되는 일원으로 성장하는 훈련을 하는 것과 같습니다.

감정은 '발산하는' 편이 낫다

감정이라고 하면 '억제하다' 또는 '조절하다' 같은 단어를 떠올리기 쉽습니다. 하지만 감정 조절은 억제하는 것이 아닌 '발산하는 것' 이라는 생각의 전환이 필요합니다. '억제한다' 는 것은 '참는다' 는 뜻 이라서 듣기만 해도 답답하게 느껴지는데, '발산한다' 고 하면 왠지 즐겁게 느껴지지 않나요? 속이 다 후련해집니다.

참으면 꼭 어딘가에서 폭발하게 되어 있습니다. 아니면 감정이 쌓이고 쌓여 마음의 병이 될 수도 있고요. 그래서 참는 것은 좋지 않 습니다.

'발산' 이라고 해서 감정을 폭발시킨다는 뜻이 아닙니다 (가끔 그럴 때도 필요하겠지만요). 그때그때 "슬펐어", "화가 났어", "짜증이 났어", "울고 싶었어"처럼 '지금의 감정을 스스로 느끼고 표현할 수 있게 되 는 것을 말합니다. 이렇게 감정을 발산하면 부모도 아이도 참지 않 고 즐겁게 자제력을 키울 수 있습니다.

✧ ✧ ✧

"언제까지 게임만 할 거야?"라는
잔소리를 그만하고 싶다면

"안 돼!"
라고 말한
뒤에는
반드시
이유를
말해준다.

얼떨결에 '안 돼!'
라고 소리쳤다면
반드시 이유를
말해주세요.

순간적으로
소리를 지를 때는
대체로 훈육이
필요한 때입니다.

아이가
장난
감을
던진
행동은
주의를
준다.

안 돼!

휙

친구가 장난감에 맞아서
다치기라도 하면 어떨 것
같아?

아,
그러니까…

역시
안 좋은
행동
이야.

아파,
불쌍해.

몇 번이고 제대로 설명하면
아이는 이해합니다.

이렇게 논리를
세워서 생각할 수
있게 되면 자기가
그 행동을 할지
말지 결정할 수
있게 돼요.

시간 제한과 귀가 시간은 '아이와 함께' 의논해서 정한다

부모들로부터 텔레비전 시청이나 게임 시간 규제에 관한 질문을 자주 받습니다. 저는 숙제나 할 일을 다 하고 나서 텔레비전을 보거나 게임에 몰두하는 것은 나쁘다고 생각하지 않지만, 숙제도 내팽개치고 잘 때까지 몇 시간이나 텔레비전 앞에 앉아 있거나 게임을 하는 건 바람직하지 않다고 여깁니다. 그렇더라도 텔레비전 시청이나 게임을 무턱대고 금지한다면 '금단의 과실'이 되고 말겠지요.

텔레비전을 보는 기쁨과 게임하는 즐거움이 우선하여 약속을 못 지키는 아이도 있습니다. 머리 아픈 문제이긴 하지만, 게임기나 태블릿 PC를 대하는 방식은 '자제력을 키울 절호의 기회'입니다.

요즘 아이들은 게임기나 스마트폰, 태블릿 PC를 접할 기회가 많은데, 이로 인해 '훈육을 하는 2가지 상황' 중 1가지 상황에 처할 수 있습니다. 바로 '아이의 생명과 건강에 해가 될 것으로 예상될 때'입니다. 그렇습니다. 충분한 수면은 아이의 건강을 위해 꼭 필요합니다. 그래서 수면 시간으로부터 역산하고 숙제 시간, 과외활동 시간, 식사 시간 등을 고려하여 게임 시간을 정해야 합니다.

여기서 중요한 것은 부모가 일방적으로 시간 규칙을 정해서는 안 된다는 점입니다. 아이와 함께 의논해서 아이의 논리와 주장을 듣고 난 후에 시간을 정해야 합니다. 예를 들어 귀가 시간을 정할 때 아이는 "○○도 ○○도 귀가 시간이 저녁 6시니까 나도 저녁 6시로 할래"라고 말할 수 있습니다. 하지만 집까지 오는 데 걸리는 시간은 아이마다 다르다는 점, 어두운 길에서는 위험한 상황과 맞닥뜨릴 수 있다는 점을 얘기하고 나서 아이와 상의해서 "10분 빠른 5시 50분으로 할까?" 같은 식으로 조율합니다.

규칙을 지키는 것도 강압적이어선 안 됩니다. 규칙을 일방적으로 강요당하고 마지못해 지키게 되면 '규칙은 혼나지 않기 위해 지키는 것'이 되어 '혼나지 않기 위해서는 어떻게 할까?' 하는 쪽으로 머리를 굴리고 맙니다. 그게 아니라 규칙을 지키는 것은 자기의 건강을 지키기 위한 것이며, 가족이라는 공동체의 기능을 지키기 위한 것이라고 생각할 수 있으면 비로소 그 규칙이 아이에겐 '내 일'이 되고, 규칙을 지킴으로써 자제력과 사회성이라는 비인지능력을 키울 수 있습니다.

무엇보다 규칙은 '함께 만드는' 것이 원칙입니다.

'인터벌 트레이닝'은 게임을 멈추게 하는 최적의 방법이다

◇ ◇ ◇

게임 시간을 정했건만 아이가 게임을 멈추지 못한다고 속상해하는 부모들에게 저는 코칭 기법인 '인터벌 트레이닝'을 추천합니다. 이것은 한마디로 '빈둥거리기를 멈추기' 훈련입니다. 지금은 ○○ 시간, 다음은 △△ 시간, 이후엔 또 ○○ 시간… 이런 식으로 짧은 시간에 다른 일을 교대로 하게 해서 집중력과 자제력을 높이는 훈련입니다.

간격은 1시간일 때도 있고 30분일 때도 있지만, 초등학교 저학년인 아이에게 응용한다면 15분이 적당합니다. 15분 동안 게임을 하면 그다음 15분은 숙제를, 그다음 15분은 게임을… 이런 식으로 게임과 숙제를 교대로 합니다.

이렇게 반복하다 보면 앞을 내다보는 능력이 자연스럽게 몸에 뱁니다. '지금은 게임을 할 수 없지만, 15분 동안 숙제를 하면 또 게임 시간이 온다', 즉 '이것 다음에는 좋은 일이 기다리고 있다'라고 자연스럽게 생각할 수 있게 됩니다. 게임에 따라서는 간격을 시간이 아니라 미션이나 퀘스트 단위로 해도 좋습니다.

또한 아이가 학교에서 돌아오면 바로 "숙제 먼저 하고 놀아!"라고 말하고 싶겠지만, 그렇게 하지 않는 것이 좋습니다. 왜냐하면 어른도 집에 오면 피곤해서 좀 쉬고 싶잖아요. "바로 집안일 시작해!"라는 말을 들으면 "잠깐 기다려. 좀 쉬었다가 하자"라고 말하고 싶어지니까요. 아이도 학교라는 장소에서 온 힘을 다해 열심히 공부하다 왔으니 조금은 느긋하게 쉴 시간을 줘도 괜찮습니다. 이 경우도 "우선 15분 놀고 다음 행동으로 들어가자"라고 15분 인터벌 트레이닝을 적용할 것을 추천합니다.

아이를 혼낼 때는 3가지 원칙을 지킨다

아이를 훈육할 때 지켜야 할 3가지 원칙이 있습니다.

첫 번째는, '인격'과 '행동'을 분리하는 것입니다.

잘못은 '아이'가 아니라 어디까지나 아이의 '행동'임을 명확히 구분해야 합니다. 그러니 "병원에서 뛰면 안 된다고 했지. 왜 그런 행동을 하는 거니? 참 나쁜 아이구나!"라고 말하지 않고 "넌 엄마의 소중한 아이란다. 하지만 병원에서 뛰는 건 나쁜 행동이란다"라고 말해야 합니다.

이때, 아이의 존엄성을 해치지 않는 말로, 가능하면 사람들이 있는 곳은 피해 둘만 있는 장소에서 대화를 나누듯이 훈육합니다. 설령 자기가 잘못했더라도 사람들 앞에서 혼나는 것만큼 자존심에 상처를 입는 일은 없습니다. 수치심과 한심함 같은 감정에도 휩싸입니다.

저는 둘만 있을 수 있는 곳으로 재빨리 자리를 옮겨 1 대 1로 대화를 나누듯 훈육을 했습니다. 감정적으로 언성을 높이지 않고 '지금 이 자리에 둘만 있는 이유'를 논리적으로 설명하는 것에 중점을 두었습니다.

호통으로 멈추게 하면 아이는 그 행동을 반복한다

훈육의 두 번째 원칙은, 논리적인 순서(로지컬 시퀀스)로 설명하는 것입니다.

혼을 내서 그만두게 하는 것은 재현성이 낮습니다. 왜냐하면 그것은 '혼난다'는 공포감을 줘서 아이를 통제하는 것이기 때문입니다. 아이의 나쁜 행동을 그만두게 하고 싶을 때는 '어째서 그 행동을 해서는 안 되는지'를 논리적으로 설명해야 합니다. 사람은 납득을 해야 비로소 하지 않게 됩니다.

훈육의 원칙은 감정이 아니라 "이것을 이렇게 하면 이렇게 되겠지?"라는 인과관계를 전하는 논리적인 순서(로지컬 시퀀스)입니다. 예를 들어, 아이가 계단에서 격렬하게 놀면 "계단에서 놀면 안 돼!"라고 알리고 '어째서 계단에서 놀면 안 되는지'를 차분하게 설명합니다.

"계단에서 떨어지면 아플 수도 있고, 잘못하면 뼈를 다칠 수도 있거든. 너도 크게 다치는 건 싫지?"

또 다른 예로, 아이에게 "복도를 뛰어다니면 안 돼"라고 말하고 싶을 때 "뛰면 안 돼!"를 논리적 순서로 이렇게 설명합니다.

① 그런 행동을 하면 어떤 일이 일어나는지를 아이가 논리적으로 추론하게 한다.

엄마: "복도를 뛰어다니면 어떻게 될까?"

아이: "넘어져서 다칠지도 몰라."

엄마: "친구와 부딪칠 수도 있겠지?"

아이: "머리를 부딪쳐서 친구를 다치게 할 수도 있어."

② 그런 일이 일어났을 때의 대처법을 의논한다.

엄마: "만약에 친구가 다치면 어떻게 하는 게 좋을까?"

아이: "다치면 보건실로 가." 또는 "친구한테 사과해."

이런 식으로 논리를 세워서 생각할 수 있게 되면 자기가 그 행동을 할지 말지 결정할 수 있습니다.

어른들도 아무 설명 없이 무턱대고 갑자기 "안 돼!"라고 금지당하면 놀라기 마련입니다. 금지하는 이유가 뭔지 알고 싶을 테고, 당연히 화도 나겠지요. 또한 자신이 무시당하고 있다는 생각에 모멸감마저 느껴서 자신을 소중하게 여길 수 없게 되고, 자기 긍정감마저 낮아지게 됩니다.

차분하게 설명해주면 아이는 그 행동에 어떤 위험이 따르는지를 이해하게 될 것입니다. 나아가 부모가 자신을 사랑하고 있다는 사실도 깨닫습니다. 그러니 얼떨결에 아이에게 "안 돼!"라고 소리쳤다면 그 후에는 반드시 이유를 말해주어야 합니다. 순간적으로 소리를 지를 때는 대체로 훈육이 필요한 때입니다.

훈육의 세 번째 원칙은 나이와 능력에 맞는 훈육을 하는 것입니다. 아이의 현재 시점에서 능력적으로 불가능한 일을 훈육하는 것은 의미가 없습니다. 예를 들어, 생후 30개월도 안 된 아이에게 방 정리를 기대하는 것은 의미가 없습니다. 훈육은 '나이와 성장 정도에 맞게' 해야 합니다.

◇ ◇ ◇

"잠깐만 기다려"는
이렇게 사용하자

'잠깐만 기다려'를 구체적인 시간으로 표현한다

"엄마! 이리 와!"

"엄마! 이거 봐봐!"

"있잖아, 엄마~!"

아이랑 있으면 아이는 폭풍처럼 요구를 쏟아냅니다. 그러면 제아무리 유능하고 참을성이 많은 엄마도 쓰러지기 일보 직전이 되거나 큰 소리가 목구멍으로 치밀어 오릅니다. 그럴 때 부정적인 감정에 휘둘려서 아이를 혼내거나 소리를 지르거나 요구를 무시해서는 좋은 결과를 얻을 수 없습니다. 그러기보다는 논리적으로 설명을 해주고 "잠깐만 기다려"라고 부탁을 합시다.

'우리 아이는 아직 어리니까 내 상황을 당연히 이해하지 못할 것'이라고 속단해버리는 부모가 많은데, 아이는 놀라울 정도의 이해력으로 상황을 파악합니다. 자연스럽게 이해해주는 일도 드물지 않게 있습니다.

생후 30개월부터는 논리적인 이유와 함께 "잠깐만 기다려"라고 말해주면 아이의 자제력이 향상됩니다. 예를 들어, 일을 하고 있을 때 함께 놀아달라고 아이가 부르면 이런 대답은 어떨까요?

"10분 안에 일을 끝내야 하니까 잠깐만 기다려줘. 이제 메일 두 개만 보내면 끝나니까."

"지금 카레 만들려고 채소 썰고 있으니까 잠깐만 기다려줘. 채소를 냄비에 넣어서 불에 올리기만 하면 보글보글 끓을 때까지 기다리는 일만 남으니까, 그때 잠깐 놀아줄 수 있어."

"지금 욕실 청소하고 있으니까 잠깐만 기다려줘. 깨끗한 욕실에 들어가고 싶지? 지금 세제로 욕조 닦고 있으니까 5분 뒤면 갈 수 있어."

이처럼 기본적으로 어느 정도 기다려주면 좋은지를 구체적으로 표현합시다. '잠깐'이라는 표현을 '3분', '5분' 식으로 구체적으로 나타내는 것이 좋은데 '얼마나 걸릴지', '무엇을 하는 동안'인지를 설명합니다. "양파를 다지고 있으니까 그동안만 기다려줘. 지금 절반 다졌으니까 조금만 있으면 다 될 거야" 식으로요. 구체적으로 아이가 머릿속에 그릴 수 있도록 전달하는 것이 좋습니다.

또한 어째서 기다려달라고 하는지 그 이유를 설명하면 아이는 '엄마(아빠)한테도 해야 할 일이 있다'는 사실을 이해해줍니다. 그렇게 상대의 입장을 헤아릴 수 있게 됩니다.

기다려준 아이에게 고맙다는 말을 잊지 않는다

아이를 기다리게 했으면 반드시 약속을 지키는 것이 무척 중요합니다.

이유를 설명하며 기다려달라고 부탁을 했으니까 부모는 약속을 반드시 지켜야 합니다. 약속을 지키지 않으면 '기다려봤자 좋은 일이 없잖아'라는 생각이 들어서 '기다리지 못하는 아이'로 자라게 됩니다. 그러므로 아이가 기다린 다음에는 "정말 도움이 되었어"라고 아이가 협조해준 것에 대해 감사하는 말을 전합니다.

"고마워! 기다려준 덕분에 일을 다 끝낼 수 있었어. 같이 그림 그리자. 이제 같이 놀아줄 수 있으니까."

그러면 '기다렸다'는 사실이 아이의 마음에 긍정적인 경험으로 기억됩니다. '참으면 상대가 기뻐하거나 좋은 결과가 찾아온다!'와 같은 긍정적인 느낌이 아이의 자제력을 강화하고 좋은 행동을 재현할 가능성을 높입니다.

◇ ◇ ◇

규칙은 지키는 것보다
'함께 만드는 것'이 더 중요하다

어,
어째서요?!
규칙 만드는 게
좋다고 하셨으면서…
부모 마음대로
만든 규칙이기
때문이죠.
규칙은 아이와
함께 만들어야
해요.
따님이랑
함께~
남이 정한 규칙이
아니라 모두 함께
의논해서 정하는
것이 중요해요.
어떤 규칙이
필요한지 함께
의견을 내보세요.
○○은 어떨까?
음~ 그건 좀 어려
우니까 △△로
하면 좋겠어요.
이런 과정이
비인지능력을
자라게
한답니다.

우리 집에서는
규칙을 어떤 식
으로 만들었는지
알려드릴게요~
♡

기본 규칙	언제, 어디서든 지켜야 하는 일
필수 규칙	꼭 해야 하는 일
금지 규칙	해서는 안 되는 일

이 세 가지를
기본으로
생각했어요.

기본 규칙

가족이
살아가는 데
기본이 되는
규칙

언제 어디에 누구와
있더라도 반드시
지켜야 하는
규칙입니다.

우리 가족이
어떤 가족이면
좋을지에 대해
각자 의견을 낸
다음 그런 가족이
되기 위해
필요한 규칙을
생각했어요.

존중 (Respect)	자신도 타인도 존중한다.
정직 (Honesty)	정직하게 산다.
주체성 (Initiative)	주체성을 중시한다. 자기가 할 수 있는 일은 스스로 한다.
공동체 (Community)	'책임 있는 가족의 일원'이라고 스스로 생각한다.

필수 규칙

아이의 나이에 맞춰 '꼭 해야 하는 일' 입니다.

6세

15세

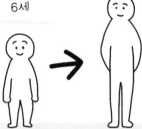

'기본 규칙' 을 지키기 위해 무엇을 해야 할지를 생각 해서

'아이도 할 수 있는 일' 을 기준으로 부모와 아이가 함께 정하세요.

아침 인사 "안녕히 주무셨어요!"와 밤 인사 "안녕히 주무세요!"는 반드시 한다.

저녁밥은 가족이 함께 즐겁게 먹는다.

저녁식사 때 테이블 매트를 까는 일은 아이가 맡는다.

신발 끈은 스스로 묶는다.

우리 집은 딸아이가 유치원생 무렵에 네 가지 필수 규칙을 정했어요.

금지 규칙

필수 규칙과는 반대로 '해서는 안 되는 일' 입니다.

고함치지 않는다.

거짓말하지 않는다.

해서는 안 되는 일이 너무 많으면 숨 막힐 수 있으니 필수 규칙 보다 적게 정하는 게 좋습니다.

간단해~

온 가족이 '규칙 만들기'에 참여한다

규칙이라는 단어를 들으면 '지켜야 할 것'이라는 이미지가 제일 먼저 떠오르겠지만, 제가 말하는 규칙은 '아이도 동참해 가족이 함께 정한 것'입니다.

규칙은 지키는 것 이상으로 '아이와 함께 생각하고 만드는 것'에 의미가 있습니다. 어떤 규칙이 좋을지 서로 의견을 내고 이야기를 나누는 과정에서 자기 긍정감과 주체성, 공감 능력, 협동심, 사회성과 같은 비인지능력이 자라나기 때문입니다. 또한 규칙을 매일 지키려는 노력을 통해 부모와 아이 모두 자제력과 같은 자기 관리 능력을 높일 수 있습니다.

규칙은 간단하면서도 '무엇을 위해 어떻게 지키면 좋을까'를 명확히 하는 것이 핵심입니다. 그러므로 규칙을 정할 때는 개수를 적게 하고, '○○을 한다' 식으로 명확하게 표현합시다.

가족이 함께 만드는 규칙은 크게 3가지입니다. 우리 집에서는 '기본 규칙(언제 어디서든 지켜야 하는 것)', '필수 규칙(꼭 해야 하는 것)', '금지 규칙(해서는 안 되는 것)'을 정했습니다.

'기본 규칙'이란 가족이 살아가는 데 기본이 되는 규칙입니다. 언제 어디에 누구와 있든지 반드시 지켜야 하는 규칙입니다.

우리 가족은 우선 '행복한 가족'에 대해 서로 이야기를 주고받은 다음 그런 가족이 되기 위해 필요한 규칙을 생각했습니다. 그리고 '우리 가족에게 정말로 소중한 것'을 다음의 4개 항목으로 범위를 좁혀 기본 규칙으로 정했습니다.

- 존중 (Respect): 자신도 타인도 존중한다.
- 정직 (Honesty): 정직하게 산다.
- 주체성 (Initiative): 주체성을 중시한다. 자기가 할 수 있는 일은 스스로 한다.
- 공동체 (Community): '책임 있는 가족의 일원'이라고 생각한다.

규칙이 너무 많으면 우리 가족에게 정말 중요한 것이 흐려지거나 놓칠 수 있습니다. 그러므로 규칙은 3~4개 정도로 정할 것을 추천합니다.

'기본 규칙'은 아이가 성장해도 변하지 않는 우리 가족의 기본 축입니다. 아이도 꼭 가족회의에 참여하게 해서 온 가족이 함께 고민해보시기 바랍니다.

'필수 규칙'은 5개를 넘지 않는다

'필수 규칙'은 아이의 나이에 맞춰 정하는 '꼭 해야 하는 일' 목록입니다. 기본 규칙을 토대로 '기본 규칙을 지키기 위해 무엇을 해야 할까'의 관점에서 생각합니다.

필수 규칙도 너무 세세하거나 개수가 많으면 압박감이 느껴지고 지킬 확률도 떨어집니다. 아이가 성장하면서 규칙의 수를 늘리더라도 지금은 5개를 넘지 않아야 합니다. 아이의 이해력에 맞춰 '아이도 할 수 있는 일'을 기준으로 가족이 함께 생각해서 정하시기 바랍니다.

우리 집에서는 딸아이가 유치원생 무렵에 다음과 같이 4가지 필수 규칙을 정했습니다.

- 아침 인사 "안녕히 주무셨어요!"와 밤 인사 "안녕히 주무세요!" 는 반드시 한다.
- 저녁밥은 가족이 함께 즐겁게 먹는다.
- 저녁식사 때 식탁에 테이블 매트를 까는 일은 아이가 맡는다.
- 신발 끈은 스스로 묶는다.

딸아이가 초등학생이 되자 위의 4가지 규칙은 이미 습관으로 굳어져서 일부러 규칙으로 정하지 않아도 되었습니다. 그래서 다시 아이의 나이에 맞춰서 규칙을 바꿨습니다.

- 식사 전에 가족 전원의 테이블 세팅을 한다.
- 등교 준비는 스스로 한다.
- 일요일 아침에는 가족의 아침식사를 준비한다.

초등학생이 된 딸아이는 샐러드, 과일 모둠 등 불을 쓰지 않아도 되는 요리를 나름대로 연구해서 만들곤 하였습니다. 딸의 정성이 듬뿍 들어간 일요일 아침 메뉴는 지금도 우리 가족의 소중한 추억으로 남아 있습니다. 딸아이는 사회인이 된 지금도 집에 오면 일요일 아침밥을 만들어줍니다.

딸이 중학생이 되면서 별도로 2개의 규칙을 더했습니다.

- 발레용 토슈즈는 스스로 꿰맨다.
- 밤 10시 30분 이후는 '엄마 업무 마감 시간'이므로 엄마에게 부탁이나 의논할 일이 있으면 그 전에 미리 말한다.

'금지 규칙'은 '필수 규칙'보다 적게 정한다

'금지 규칙'은 '필수 규칙'과는 반대로 '해서는 안 되는 것'입니다. 금지 규칙은 필수 규칙보다 적게 정하는 것이 효과적입니다. 많아도 3개까지가 적당합니다. 어른도 '해서는 안 되는 것'(금지 사항)이 너무 많으면 숨이 막히잖아요. 우리 집에서는 어떤 때라도 절대 해서는 안 되는 금지 규칙을 2개로 정했습니다.

· 고함치지 않는다.
· 거짓말하지 않는다.

이 2개의 금지 규칙은 기본 규칙 중에서 '자신도 타인도 존중한다', '정직하게 산다'와 연결되어 있습니다.

물론 이것들은 하나의 예에 지나지 않습니다. 아이의 나이와 부모의 직업, 업무 형태, 생활 방식 등에 따라 달라지기 마련입니다. 가족이 함께 진지하게 의논하여 정한 규칙은 그 가족에게는 소중한 것이며, 가족 고유의 멋진 규칙이 되리라 생각합니다.

규칙을 만들 때는 '예외'를 미리 정해둔다

규칙에는 예외가 존재하는 법! 몸 상태가 좋지 않거나 그 밖의 이유로 규칙을 지킬 수 없을 때도 있겠지요. 이처럼 때에 따라 예외를 허용하는 관용도 필요합니다.

그러나 매일같이 예외를 인정해주면 엄격한 질서가 사라져서 규칙의 의미가 없어지고, 좋은 행동이 습관으로 되지 않습니다. 또한 늘 예외가 된다든지, 그때그때의 기분에 따라 예외가 달라지면 아이가 규칙을 존중하지 않게 되고, 애써 만든 규칙이 기능하지 않게 됩니다. 이런 일이 생기지 않게 하려면 '어떤 경우가 예외인지', '규칙을 안 지킬 때는 어떻게 할 건지'를 구체적으로 정해놓는 것이 이상적인 대책이라 할 수 있습니다.

1장에서 '민주형 부모'의 허용과 엄격함의 균형에 대해 설명했는데, 규칙을 지키는 것도 마찬가지로 허용과 엄격함의 균형이 필요합니다. 규칙을 지킨다는 전제가 있고(엄격함), 규칙을 지켰을 때는 긍정하고(허용), 지키지 않았을 때는 무턱대고 혼을 내지 않고 이유를 묻습니다(허용). 그리고 다음에는 어떻게 하면 지킬 수 있을지 얘기를 나누고(엄격함), 다음번에는 지킬 수 있기를 기대합니다(엄격함).

◇ ◇ ◇

떼쓴다고, 귀찮다고
무조건 사주지 말자

소비와 관련된 가족 규칙을 만든다

아이가 "이거 사줘", "저거 사줘"라고 할 때 어떻게 대응해야 할지 곤란할 때가 많습니다. 그러나 돈의 사용과 소비에 대해서도 '가족 규칙'을 정해두면 이런저런 상황에서 고민하거나 망설일 필요가 없습니다.

가족 규칙의 원칙은 가정에 따라 다르겠지만, 대전제는 '기분에 따라서 물건을 사거나 돈을 쓰지 않는다'입니다. 이러한 원칙을 전제로 우리 집에서는 돈과 관련된 규칙을 2가지 만들었습니다.

하나는, '갖고 싶은 물건이 있어도 처음부터 바로 사지 않는다'입니다. 언젠가 사게 되더라도 이것저것 알아보고 가장 합리적인 방법으로 최저가로 사는 것을 원칙으로 합니다. 이런 방식은 자신의 감정과 행동을 통제하는 방법을 배우는 데 무척 효과적입니다.

'갖고 싶은 것은 뭐든지 사주는 것'이 당연한 일이 되어버리면 감사하는 마음을 기를 수 없습니다. 게다가 '해주는 것이 당연한' 일이고 '가지는 게 당연한' 일이 되어버려서, 언젠가는 '누군가가 해주겠지'라며 뭐든 남에게 기대는 습관이 형성되고 맙니다.

또 하나의 가족 규칙은, '다들 가지고 있으니까 나도 가지고 싶다는 이유로 사지 않는다'입니다. "나만 없어!"라는 말을 들으면 부모의 마음이 움직이겠지만, 이건 다른 집과의 비교가 아닌가요? 소비

여부는 예산이나 우리 집의 방침과 필요성을 고려하여 정하는 것이 좋습니다.

예를 들어 우리 가족은 딸아이의 휴대전화를 다른 집보다 빨리, 딸아이가 초등학교 4학년 때 사준 것으로 기억합니다. 그렇게 한 이유는 발레 연습으로 딸이 밤늦게 귀가하는 일이 잦아서, 항상 연락이 닿아야 했기 때문입니다. 반대로 "모두가 가지고 있다"고 딸이 주장하던 고가의 시계는, 시계의 가격을 딸아이가 상상할 수 있는 형태로 바꿔서 얘기해주고 '살 가치가 있는지', '정말 필요가 있는지'를 함께 검토했습니다. "그 값이면 사과 100개를 살 수 있다"고 설명해주니 돈의 가치를 이해하더군요. 다음 단계로, 그것을 사지 않고 만족감을 얻기 위해서는 어떻게 하면 좋을지를 생각하고 시계를 살 때는 딸을 가게에 함께 데리고 가서 주어진 예산 내에서 딸이 좋아하는 시계를 직접 고르도록 했습니다.

친구들이 다 가지고 있다는 이유로 사달라는 것을 아이에게 사주지 않는 것은 부끄러운 일이 아닙니다. 그래서 저는 가계에 여유가 없을 때는 분명하게 얘기를 했고, 가격 면에서 우리 집 방침과 맞지 않을 때는 그 이유를 논리적으로 설명했습니다. 이것은 참는 것이 아닙니다. 이해하고 다른 방법을 선택하는 '문제 해결'입니다.

◇ ◇ ◇

감정은 참지 말고
건강하게 드러내자

오늘 어쩐지
짜증이 나네.
일도
손에 잘
안 잡히고.
우울
답답
데리러
왔어!
기분 전환하자!
왜 벌써
왔어? 너무
빠르잖아!
어서
오세요~
더 놀고 싶어.
지금 안 가!
준비
할까?
모처럼
일찍 데리러
왔는데….
싫어!
짜증
우리 딸
빨리 보고
싶어서
일찍 왔지!
진정해~
진정해~
난 안 보고
싶은걸!
흥
쳇
가자
♡
빠직!
어서 가자~

그 다음은 감정에 지배되지 않는 방법을 익혀나가는 게 좋겠죠.

마음 챙김 [마인드 풀니스] 이라고 해요.

꼭 방이 아니더라도 요가 매트 1장만 있어도 괜찮아요.

지금 집중할 수 있는 장소를 마련해서

차분하게 심호흡을 해요.

저의 마음 챙김은 음악을 크게 틀어놓는 거랍니다!

ROCK!

사람마다 달라요♡

그리고 짜증이 사그라지면 짜증 스티커를 떼고 스마일 스티커를 붙이세요.

시게코 메모

포스트 잇에 그려도 괜찮아요.

짜증이 난 자신의 감정을 억누르지 않고

부드럽게 건강한 방법으로 발산하는 모습을 아이에게 보여줍시다!♡

지금 느끼는 감정에 대해 '좋다', '나쁘다' 평가하지 말고 그대로 받아들인다

미국에서 처음으로 생긴, 비장애인과 청각장애인이 함께 배울 수 있는 '리버 스쿨'이라는 학교가 있습니다. 이 학교에서는 '필링 보드 (Feeling Board)'를 활용하여 감정을 조절하는 습관을 아이들에게 가르칩니다.

필링 보드란 감정을 보드나 팻말, 종이 등에 문자와 그림으로 표현해놓은 것을 말합니다. 아이들이 앉아 있는 탁자 위에는 '행복하다(Happy)', '화난다(Angry)', '슬프다(Sad)' 등을 나타내는 문자와 그림이 놓여 있는데, 아이들은 이 중에서 '지금의 내 기분'을 선택하여 표현합니다.

저도 이 방법을 집에서 실천했는데, 아이의 나이에 따라 보드 수를 늘려가는 것이 포인트입니다. 예를 들어 딸이 세 살 무렵에는 '행복하다', '화난다', '슬프다'에서 고르게 했는데, 점차 두근거린다/짜증난다/기분이 좋지 않다/마음이 차분하다 등 좀 더 미묘한 감정 표현을 늘려갔습니다.

이 방법의 좋은 점은 알고 있는 단어 수가 적어서 자신의 감정을 제대로 표현할 수 없는 아이가 감정을 터뜨리는 대신 '문자나 그림으로' 표현할 수 있게 된다는 사실입니다. 자신이 안고 있는 생각이

나 감정을 문자나 그림과 연결 짓는 훌륭한 방법이라고 생각합니다.

'지금 내 감정이 어떤 감정인지'를 관찰하고 인식하는 작업을 반복해서 하면 자신을 냉정하게 관찰해서 받아들일 수 있게 됩니다. 이렇게 자신을 객관적으로 인지하게 되는 행위를 심리학에서는 '메타인지'라고 부릅니다. 필링 보드는 메타인지가 발달하도록 돕는 도구입니다.

여기서 중요한 점은 부모도 아이도 지금 느끼는 감정에 대해 '좋다', '나쁘다' 식으로 평가하지 않고 그대로 '받아들이는' 것입니다. 언짢음, 분노, 슬픔 등의 감정을 느끼는 건 나쁜 일이 아닙니다. 이것들 역시 필요한 감정이며, 그 사람의 일부입니다.

감정을 억누르지 않고 필링 보드에 '지금 화났다'고 표현하는 것은 건강한 일입니다.

표정 스티커로 기분을 솔직하게 나타낸다

비슷한 방법으로, 미국의 한 유치원에서 시행하고 있는 '표정 스티커'도 추천합니다.

이 유치원에서는 화가 끓어오르거나 짜증이 날 때면 자신의 이름

표에 '표정 스티커'를 붙이는 것을 규칙으로 하고 있습니다. 이렇게 함으로써 '나는 지금 짜증났다'고 스스로 인식하고, 그 상황을 주위에도 전하게 됩니다. 짜증을 태도나 말로 표현하거나 감추려고 하지 않고 '스티커를 붙여서' 표현하는 것입니다.

이렇게 기분을 솔직하게 표현하는 일은 무척 중요합니다. 감정을 표출하지 않으면 쌓아두게 되고, 그것이 꽉 차면 결국 폭발해버리기 때문입니다.

이 방법을 가정에 적용할 때는 문구점 같은 곳에서 다양한 표정 스티커를 사서 보드 등에 붙여서 누구나 볼 수 있는 곳에 두기를 추천합니다. 아니면 자신의 감정을 종이에 그려서 그림으로 나타내도 괜찮습니다.

아이는 세 살 정도 되면 다양한 상황을 이해할 수 있게 됩니다. 엄마가 짜증 스티커를 붙여놓았다면 '엄마가 짜증났나 보네', '어째서 짜증이 났을까?'를 생각합니다. 이것은 무척 중요합니다. 반대로, 아이가 짜증 스티커를 붙여놓았다면 "그럼 어떻게 해줄까?"라고 물어봐주세요. 그림을 그려보는 것도 좋습니다. 기분이 진정되면 짜증 스티커를 떼고 이번에는 스마일 스티커를 붙여놓습니다.

그 다음으로, 감정에 지배되지 않도록 조절하는 방법을 익혀나갑니다. 이때 도움이 되는 것이 다음에 소개할 '마음 챙김'입니다.

짜증이 나면 '마음 챙김'으로 기분을 푼다

리버 스쿨에서 교육에 활용하고 있는 '마음 챙김(마인드풀니스; Mindfulness)'은 세계적으로 주목받고 있는 감정 조절법(자제력을 향상하는 방법)입니다.

이 학교에서는 '분노가 머리끝까지 치밀려고 하면 요가실에서 요가를 한다'는 규칙이 있습니다. 분노가 느껴지는 아이는 선생님께 얘기하고 요가실로 가서 요가 자세를 취합니다. 요가 자세를 하고 호흡을 반복하다 보면 마음이 가라앉는다고 합니다.

이 방법을 가정에 적용한다면, 요가를 할 필요는 없지만, 일단 자신의 감정을 안정시킬 수 있는 공간을 마련합니다. 넓은 방이 필요한 건 아닙니다. 방석 하나 깔고 그 위에 앉아서 해도 되고, 소파 위에서 해도 괜찮습니다. 화장실에 틀어박혀서 하는 것도 괜찮겠네요. 그곳에서 차분하게 호흡에 집중하며 마음을 진정시킵니다.

저는 '지금 여기'서 집중하고 싶을 때(주로 집필 중일 때) 헤드폰을 끼고 음악을 크게 틀어놓습니다. 익숙한 멜로디에 어느새 '듣는' 일을 멈추고 집중 상태로 들어갑니다. 귀에는 그다지 좋지 않은 방법이라 추천은 못 하겠지만, 무아지경이 될 수 있는 나만의 방법이 있어 마음 안정에 큰 도움이 됩니다.

'감정 쿠션'을 활용하여 나를 긍정한다

아이에게 자제력을 요구하고 싶을 때가 많겠지만, 사실 부모도 자제력이 필요합니다. '아이에게 안 해도 되는 잔소리를 무심코 하고 말았을 때'가 사실은 부모 자신에게 자제력이 필요한 때입니다. '중요한 일이 아니면 굳이 말하지 않는' 자세가 중요합니다.

아이가 예의범절에 어긋나는 행동을 한 것도 아닌데 지적을 하고 싶어질 때 그 마음을 어떻게 자제할지를 평소에 생각해두면 돌발 상황에서 유용하게 쓸 수 있습니다. 여러분은 어떻게 멈추시나요?

저는 냉장고에 메모를 붙이는 방법을 쓰고 있습니다.

딸아이가 두세 살 무렵 스키와 스케이트를 시작했습니다. 저는 개인적으로 스키나 스케이트처럼 미끄러지는 스포츠를 싫어해서 딸이 스키와 스케이트를 타는 내내 "위험해!", "안 돼!"라는 말을 달고 살았습니다. 레슨을 받으면 그 나이의 아이도 충분히 할 수 있다는 말을 들었지만 걱정이 자제되지 않았습니다(제게는 도저히 가능하다고 여겨지는 일이 아니었기 때문입니다).

그런데 어느 순간 "위험해!", "조심해!"라고 계속 소리치면 아이의 마음속에 불필요한 공포심이 생길지 모른다는 생각이 들었습니다. 그래서 '아이가 스키와 스케이트를 탈 때 더 이상 쓸데없는 말은 하지 말아야지'라고 마음먹고, '스키와 스케이트는 위험하다고 말하지 말자'라고 종이에 써서 냉장고에 붙여두었습니다. 매일 그 문구가 눈에 들어오니까 '위험하다는 말은 이제 다시 하지 않는다'라고 나 자신을 통제할 수 있었습니다.

또한 짜증이 났을 때의 대처법을 미리 마련해두면 좋습니다. 저는 그걸 '감정 쿠션'이라고 부릅니다. 저는 딸아이가 아주 어렸을 때 육아를 하다가 마음이 뒤숭숭해지면 "이건 엄마를 위한 휴식 시간이야"라고 말하고 고급 초콜릿을 꺼내 먹었습니다.

"엄마가 너무 열심히 했더니 짜증이 나나 봐. 잠깐 휴식 시간!"

그런 식으로 말하고 피식 웃으며 초콜릿을 먹다 보면 아주 살짝 마음에 여유가 생겨납니다.

짜증이 나는 건 너무 열심히 했기 때문입니다. 그럴 때 필요한 건 자신을 칭찬하고 잠시나마 응석을 부리는 것입니다. 짜증이 나거나 기분이 처질 때는 유머로 대처하는 것도 효과적입니다.

우리는 '짜증내면 안 되는데 왜 자꾸 짜증이 나지?' 하면서 툭하면 자신을 책망합니다. 하지만 수많은 역할을 잘해내기 위해 하루 종일 이리 뛰고 저리 뛰는데 짜증이 안 나는 게 더 신기한 일입니다. 짜증은 그만큼 우리가 열심히 살고 있다는 증거입니다.

그러니 자신을 책망하지 맙시다. 이런 때야말로 '허용'이 출동할 차례입니다. "이렇게 바쁜데 짜증이 날 만도 하지"라고 자신을 부드럽게 긍정해줍시다. 그리고 응석을 부립시다. 참고 억누르지 말고 자신을 친절하게 대해줍시다. 좋아하는 걸 하고, 좋아하는 것을 먹으면서 짜증을 날려버립시다.

참지 않고 밝은 미래를 내다보면서 해야 할 일을 하고, 자제력 있게 대처하고, 감정을 억누르지 않고 건강하게 발산하면서 앞으로 걸어나가는 모습이 우리가 아이들에게 보여주고 싶은 부모의 모습이 아닐까요.

◇ ◇ ◇

입시 준비는 비인지능력을

높이는 또 다른 방법이다

그렇게 해서 부모와 자식이 서로 지지해주는 과정이

그 후의 부모와 자식의 관계를 더욱 끈끈하게 해줍니다.

그러니까 기대한 결과가 나오지 않아도 나쁜 게 아니에요.

그렇 군요!

이해 했어요!

할 수 있는 모든 노력을 다했다고 생각한다면 성공!

환경만 갖춰진다면 아이는 스스로 자신을 행복하게 해요.

부모가 어떻게 아이와 마주하느냐에 따라 입시 후 아이의 인생은 꽃을 피울 거예요. ♡

입시는 비인지능력을 키우기도, 해치기도 한다

이 책의 마지막 부분에서 '입시'에 대해 언급하는 이유는 입시가 부모의 자제력을 가장 잘 시험할 수 있는 기회라고 생각하기 때문입니다.

저는 "'입시 찬성파' 예요? 아님 '입시 반대파' 예요?"라는 질문을 자주 받습니다. 저는 입시를 긍정하지도 부정하지도 않고 그저 '있는 사실'로 파악하고 있습니다. 더불어 입시는 아이의 비인지능력을 키우는 기회가 되는 동시에 비인지능력을 크게 해치는 기회도 될 수 있다고 생각합니다.

'세계화, 다양화, AI, 교육 개혁, 입시 개혁, 근무 방식 개혁, 여성의 사회 진출, 100세 시대'가 키워드인 상황에서 육아를 하고 있자니 참으로 다양한 생각이 들고, 넘쳐나는 정보의 홍수 속에서 아이의 진로를 생각하면 갈팡질팡하지 않을 수 없을 것입니다. 그래서 입시를 아이의 미래를 보장해줄 하나의 선택지로 생각할 수도 있습니다. 저도 딸아이의 유치원을 고를 때부터 '입시가 한 번에 끝나기를' 바라는 마음에 고등학교까지 쭉 이어서 갈 수 있는 곳을 중심으로 생각했습니다.

일단 입시에 도전하려면 부모와 아이가 함께 엄청난 노력을 쏟아부어야 합니다. 아직 어린 나이에 시작하기엔 너무도 긴 시간이니,

그 시간이 아이에게 진정한 성공을 잡을 기회가 되기를 바랍니다.

그런데 '진정한 성공'이란 과연 무엇일까요? 비인지능력이 인생의 행복과 성공에 크게 이바지한다고 증명되었지만, 비인지능력의 관점에서 진정한 성공은 합격이 아니라 합격에 이르기까지의 '과정'입니다.

합격해도 '실패'인 입시가 있고, 불합격해도 '성공'한 입시도 있습니다. 합격이냐 불합격이냐에 상관없이 '최선을 다해 노력한 나'를 실감하는 것이 그 뒤에 이어지는 인생을 지탱해줍니다. 입시 결과와는 상관없이 부모와 아이가 서로를 존중하고 버팀목이 되어주는 과정이 그 후의 부모 자식 사이의 신뢰감을 높이고 둘의 관계를 더욱 견고하게 해줍니다.

입시는 합격, 불합격으로 끝나는 것이 아니라 거기서부터 무언가 새로운 그림이 펼쳐지는 하나의 점일 뿐입니다. 그리고 그 결과를 토대로 살아가는 것은 부모가 아니라 아이입니다. 그래서 필요한 것이 합격 여부가 아니라 거기까지 이르는 과정입니다. 부모는 그 과정을 지탱하고 지지해주는 존재입니다. 부디 그 후를 살아갈 아이가 강인한 마음으로 인생을 헤쳐나갈 수 있도록 아이와 마주해주시기 바랍니다.

그러면 어떤 방식으로 아이와 마주하면 좋을까요?

입시라는 '특수한 환경'에서 이 능력이 자랄 수 있다

입시는 아이에게는 단 한 번밖에 없는 한정된 기회입니다. 그래서 '실패는 절대 안 돼', '실패하면 되돌릴 수 없어'라는 생각이 강해집니다. 또한 결과가 공공연하게 알려지기 때문에 부모의 이기심과 과시욕이 작용합니다.

입시와 관련된 부모의 이기심과 과시욕은 아이의 시험 점수에 일희일비한다든지, 불안하고 초조해져서 감정을 폭발한다든지, 시험 점수를 부모에 대한 평가로 받아들인다든지, 열등감에 휩싸인다든지, 엄마들 사이의 정보전에서 자신감을 상실하는 것과 같은 다양한 형태로 나타납니다. 또한 돈과 시간과 노력까지 모두 쏟아 부어 마치 부모 자신의 입시인 것 같은 착각에 빠질 때도 있습니다. 아이가 태어났을 때 '그저 건강하게만 자라기를' 바라던 초심을 잃고 "더, 더, 더"를 외치게 됩니다.

이런 부모는 나쁜 부모일까요?

아닙니다, 전혀 그렇지 않습니다. 내 아이를 사랑하는, 최고로 멋진 부모입니다. 단지 '부모는 아이의 조력자'라는 사실을 잊어버리고 입시를 아예 부모 자신의 것으로 착각한 것뿐입니다. 그 정도로 아이를 생각하는 마음이 강해서 '어떻게 해서든지 실패 안 하게 할 거야', '실망시키고 싶지 않아' 이렇게 생각하게 된 것입니다.

그런데 입시에 집중하다 보니 언제부턴가 이런 말이나 비언어적인 표현을 하고 있지는 않나요?

- "다 너를 위해서 하는 말이야."
- "왜 엄마가 말하는 대로 안 해!"
- "왜 못하는 거야?"
- "진짜 열심히 하는 거니?"
- "그 성적으로는 아무 데도 못 들어가. 입시 같은 건 집어치워!"
- "○○는 합격했는데." / "오빠(형) 때는 훨씬 수월했는데."
- "수능 점수 ○○ 이하인 학교에는 안 보낼 거야. 합격해도 등록금 못 줘."
- "떨어져도 괜찮아, 여자니까."
- "어차피 무리야."
- "너는 ○○를 못하잖아."
- "항상 중요할 때 뒷심이 부족하네."
- "떨어지면 끝이야."
- "○○에 떨어지다니 창피해 죽겠어." / "○○에 가다니 창피해 죽겠어."
- "내 아이니까 안 돼." / "내 아이니까 당연히 되겠지."
- 과시하려는 목적과 세간의 평가로 학교를 고른다.
- 아이와 나를 동일시한다.
- 아이의 모의고사 점수에 일희일비한다.

- 아이를 통해 자신의 꿈, 하고 싶어 했던 것을 이루려고 한다.
- '내 방식은 절대적으로 옳다'고 생각한다.
- 아이의 목소리에 귀를 기울이지 않는다.
- 아이의 평가는 곧 자신에 대한 평가라고 생각한다.

이것들은 모두 이 책에서 제안한 비인지능력을 키우는 방법과는 정반대의 말과 행동이라고 할 수 있습니다. 이러한 환경, 이러한 부모의 태도로는 설령 아이가 입시에서 원하는 결과를 얻더라도 앞으로 자기 긍정감과 주체성, 자기 효능감, 자제력을 가지고 살아갈 수 있을지 의문입니다.

반대로, 부모가 비인지능력이 자라는 환경만 마련해주면 아이는 스스로 자기를 행복하게 하는 방법을 생각합니다. 그리고 개척해갑니다. 부모가 아이의 비인지능력을 키우는 말과 태도로 아이를 대한다면, 합격하든 불합격하든 아이의 인생은 그 시점에서 새롭게 꽃을 피워나갈 것입니다. 그러기 위해서라도 입시 과정을 아이가 진정한 성공을 얻기 위한 멋진 경험이 되도록 도와주시기 바랍니다.

부모가 할 수 있는 일은 이 책에서 언급한 4가지 환경을 마련하는 것입니다. 그중에서도 가장 중요한 것은 부모 자신이 조력자 역할을 철저히 수행하기 위해 자제력을 단련하는 일입니다.

정한 규칙을 지키게 한다.

↓

가족이 함께 규칙을 만들고 모두 함께 지킨다.

이것만은 기억하자

규칙에 대해 주체적으로 임하는 자세는 자기 관리 능력의 기초가 됩니다.

삶을 대하는 부모의 자세는 아이에겐 미래입니다. 그러므로 부모가 즐겁게 살아가는 것이 아이가 자제력을 키우는 데 아주 중요합니다. "아~ 시시해", "이제 더 이상은 싫어"라는 말을 달고 사는 부모를 보며 사는 아이는 '전혀 즐겁지 않아, 공부해봤자 좋은 일 같은 건 없을 거야'라고 생각할 수 있습니다. '이것을 하면 그 뒤에는 좋은 일이 기다리고 있다'라고 생각해야 자신을 통제하면서 분발하자고 생각합니다. 그러니 아이에게는 부디 '즐겁게 살아가는 모습'을 보여주시기 바랍니다.

'부모가 되는' 과정

끝까지 읽어주셔서 고맙습니다.

2018년에 처음 육아서를 출판하고 나서 4년 반이 흘렀지만, 아직도 '육아서 저자'라고 불리면 겸연쩍은 기분이 듭니다. 왜냐면 '육아서를 썼다'는 생각이 들지 않기 때문입니다. 제 안에서는 항상 '내가 엄마가 되는 과정을 쓰고 있다'고 느껴왔습니다.

여성은 아이를 낳으면 '엄마'가 되는 걸까요? 여성에게는 '모성'이 있으니까 누구나 본능적으로 아이를 잘 키울 수 있는 걸까요? 물론 그런 분들도 계시겠지만, 저는 그렇지 않았습니다. 저에게 '엄마가 되는 것'은 나 자신을 마주하는 일이었습니다.

왜냐하면 딸아이가 태어난 순간 가장 먼저 든 생각은 '나처럼 되지 말았으면 좋겠다'였기 때문입니다. 저는 자기 긍정감이 낮고 자신감도 없고 딱히 좋아하는 것도 없었습니다. '어차피 나 같은 건…'이라는 생각으로 살아온 저는 딸아이만큼은 저처럼 자라지 않기를 바랐습니다.

"난감하네, 어쩌지?"

갓 태어난 딸을 가슴에 안았을 때 제 마음속 곤혹스러움이 무심코 입 밖으로 새고 말았습니다. 당황한 것은 남편이었습니다. 왜냐 하면 '여성은 당연히 아이를 잘 키운다'라고 생각했기 때문이죠. 워싱턴DC에서 외국인 남편과 함께 시작한 육아는 멋진 일도, 우아한 일도 아니었습니다. 나 자신의 처절한 시행착오의 연속이었습니다.

'나처럼 되지 않기 위한 육아법'을 찾던 저는 당시 화제였던 '비인지능력을 키우는 육아법'을 만나게 되었습니다. 그리고, 격변하는 사회에서 도태되지 않고 변화의 물결에 올라타서 어떤 상황에서도 자기를 소중히 여기며 '할 수 있다'는 믿음을 가지고 인생을 마음껏 펼치는 사람, 자신의 행동과 감정을 잘 관리하여 책임 있게 의사 결정을 하고 사회에 도움이 되는 어엿한 사회의 일원… 그런 사람으로 내 아이를 키워낼 수 있다면 얼마나 멋진 일일까 하는 마음으로 '비인지능력을 키우는 육아'를 실천해왔습니다. 그때부터 겪은 변화와 육아의 소소한 팁은 이 책에 하나하나 적었습니다.

그런데 그동안 제가 해온 것이 '육아'였을까요?

딸아이는 18세에 대학교 기숙사에 들어가면서 집을 떠났고, 작년에 대학을 졸업하고 이제 막 사회 초년생이 되어 자기다운 인생을 구축하기 시작했습니다. 지난 23년을 되돌아보면 한순간 한순간이 저에게는 육아라기보다 '나 자신과 마주하는 도전'이었습니다. 내 뒷모습을 보고 자라날 아이의 본보기로서 '어떻게 살 것인가'를 체현하는 도전이었습니다. 그리고 그 경험을 엮은 것이 지금까지 제가 써온 육아서들입니다.

그중에서도 이 책은 제가 실천해온 '비인지능력 육아'의 핵심이 되는 책입니다. 언제 어느 때든 나 자신과 마주하면서, 아이의 본보기로서 철저하게 지켰던 것들을 모았습니다. 나 자신이 '엄마가 되는' 과정이 변화무쌍한 사회를 헤쳐나갈 아이들을 길러내는 데 자그마한 힌트라도 될 수 있다면 이보다 더한 영광은 없을 것입니다.

이 책이 나오기까지 많은 분의 도움을 받았습니다. 편집을 담당해주신 선마크출판의 하시구치 도모에 씨, 협조해주신 야마모리 마이 씨, 귀여운 삽화로 새로운 세계를 더해주신 일러스트레이터 야마사키 미노리 씨, 애플시드 에이전시의 미야자와 요스케 씨를 비롯하여 실력을 120% 발휘해주신 여러분께 감사의 마음을 전합니다. 나를 믿고 함께 이 책을 만들 수 있는 최고의 기회를 주셔서 고맙습니다. Thank you for believing in me and giving me a chance.

그리고 여성의 행복과 비인지능력을 넓혀가는 미션을 가슴에 품고 함께 활동하고 있는 BYBS 비인지능력 육아 코치, 코치 과정의 BYBS 시스터즈에게 최고의 사랑과 감사를 담아 보냅니다. 혼자서 할 수 있는 일은 너무 적지만 모두 함께 힘을 모으면 더 먼 곳까지 갈 수 있으며, 더 많은 부모들에게 아이의 비인지능력을 키우는 비결을 전달할 수 있습니다. 혼자가 아니라서 마음이 든든합니다. I am so grateful for your support and love.

집필 중에는 밤낮이 뒤바뀌어 혼자만의 세계에 침잠해버리는 나를 응원하고 지지해주고, 외롭게 만들었는데도 불평 한마디 없이 지켜봐준 팀! Because of you, I am where, I love you forever.

그리고 사회 초년생이 된 우리 딸 스카이. 엄마는 소중한 딸 덕분에 진정한 나를 발견할 수 있었어. 앞으로도 많은 일이 있으리라 생각해. 그 하나하나를 이겨내고, 최고로 멋지게 너다운 행복한 인생을 쌓아올리길 바라. You are my forever inspiration. I love you with my everything.

마지막으로, 제가 최고의 애정과 열정을 가득 담아 써내려간 이 책을, 새로운 시대를 살아갈 다음 세대를 양육하는 모든 부모에게 바칩니다. 육아는 반드시 끝이 옵니다, 그것도 눈 깜짝할 사이에. 그러니 즐기세요, 매 순간을. Yes you can. Because you are the best! With Love.

— 보크 시게코

하라고 하면 하지 않는 아이가 된다

초판 1쇄 발행 ｜ 2024년 1월 2일

지은이 ｜ 보크 시게코
옮긴이 ｜ 오현숙
펴낸이 ｜ 임미경
펴낸곳 ｜ 피넛

출판사등록 ｜ 2023년 4월 10일 제2023년-000036호
주소 ｜ 경기도 파주시 회동길 349, 101호(서패동)
대표전화 ｜ 031-948-1224 **팩스** ｜ 0504-318-1228

표지 일러스트 ｜ 고도연

피넛 홈페이지 ｜ www.peanutbook.co.kr
인스타그램 ｜ @peanut.books
이메일 ｜ peanutbook1@gmail.com

ISBN 979-11-985394-0-3 (03190)

피넛은 아름답고 실용적인 책을 만듭니다
삶의 밑거름이 되는 밀알 같은 콘텐츠를 제작하고 싶은 아이디어나 원고가 있으시다면,
피넛 메일(peanutbook1@gmail.com)로 보내주세요. 함께 고민하겠습니다.